The Value, Innovation and Enlightenment of the Initiative of the 21st Century

MARITIME SILK ROAD

21世纪海上丝绸之路倡议的价值、创新和启示

李洁宇 —— 著

知识产权出版社
全国百佳图书出版单位
—北京—

图书在版编目（CIP）数据

21 世纪海上丝绸之路倡议的价值、创新和启示/李洁宇著. —北京：知识产权出版社，2021.10

ISBN 978-7-5130-7732-3

Ⅰ.①2… Ⅱ.①李… Ⅲ.①海上运输—丝绸之路—研究—中国—21 世纪 Ⅳ.①K203

中国版本图书馆 CIP 数据核字（2021）第 192652 号

责任编辑：兰　涛	责任校对：谷　洋
封面设计：郑　重	责任印制：孙婷婷

21 世纪海上丝绸之路倡议的价值、创新和启示

李洁宇　著

出版发行：	知识产权出版社有限责任公司	网　　址：	http://www.ipph.cn
社　　址：	北京市海淀区气象路 50 号院	邮　　编：	100081
责编电话：	010-82000860 转 8325	责编邮箱：	lantao@cnipr.com
发行电话：	010-82000860 转 8101/8102	发行传真：	010-82000893/82005070/82000270
印　　刷：	北京虎彩文化传播有限公司	经　　销：	新华书店、各大网上书店及相关专业书店
开　　本：	787mm×1092mm　1/16	印　　张：	10.5
版　　次：	2021 年 10 月第 1 版	印　　次：	2021 年 10 月第 1 次印刷
字　　数：	141 千字	定　　价：	68.00 元
ISBN 978-7-5130-7732-3			

出版权专有　侵权必究

如有印装质量问题，本社负责调换。

引 言

21世纪海上丝绸之路倡议很受欢迎，掀起了一股清新之风，既符合时代发展的趋势和历史发展的潮流，又符合民众的期待。作为旨在促进共同发展的公共产品，21世纪海上丝绸之路倡议着眼于维护和实现全人类的共同利益，倡导共商、共建、共享的规范，不断地促进合作在宽广领域的蔓延和外溢，让合作的精神在更大范围得到提倡和推广。因此，研究21世纪海上丝绸之路倡议的价值和创新无疑具有重要的学术意义和现实意义。

本书共分为五章。第一章"21世纪海上丝绸之路倡议的提出和推广"回顾了21世纪海上丝绸之路倡议提出和发展的历程，分析了其广为流行的原因。本章从历史和现实交汇的视角进行分析，让历史照进现实，让历史呼应现实，能够更好地开阔读者的视野。

第二章"21世纪海上丝绸之路倡议的文化价值"分析了21世纪海上丝绸之路倡议和中华传统文化的契合之处，提炼了中华文化反映在21世纪海上丝绸之路倡议中的价值观念，简要探索了如何更好地通过21世纪海上丝绸之路倡议的实践发挥中华文化的价值。

第三章"21世纪海上丝绸之路倡议的创新之处"分析了21世纪海上丝绸之路倡议在理念和实践层面的创新，运用了对比分析的方法，坚持客观公正的立场。21世纪海上丝绸之路倡议具有独特价值和创新内涵，倡导合作和协商规范的推行，致力于实现人类命运共同体的目标。

  第四章"海南省在21世纪海上丝绸之路倡议下的参与和探索"立足海南省省情，探索如何结合本省实际，响应国家号召。本章建议海南省依托"博鳌亚洲论坛"平台打造合作平台，在海洋公园规划建设方面加强对外合作，构建多元合作机制，提升民众加强对外交流的能力以及发挥华侨不可替代的功能。

  第五章"笔者参与21世纪海上丝绸之路倡议建设的尝试"从笔者实际情况出发，探索了笔者如何为21世纪海上丝绸之路倡议的深度推进贡献力量，体现了勇立时代潮流的担当精神与责任意识。

目 录

第一章 21世纪海上丝绸之路倡议的提出和推广 …………… 1
  第一节 21世纪海上丝绸之路倡议的提出与发展 ………… 1
  第二节 21世纪海上丝绸之路倡议的时代价值 …………… 4
  第三节 21世纪海上丝绸之路倡议流行的原因 …………… 11

第二章 21世纪海上丝绸之路倡议的文化价值 ……………… 28
  第一节 21世纪海上丝绸之路倡议的价值理念 …………… 28
  第二节 挖掘21世纪海上丝绸之路倡议的文化元素 ……… 41

第三章 21世纪海上丝绸之路倡议的创新之处 ……………… 55
  第一节 21世纪海上丝绸之路倡议的理念创新 …………… 55
  第二节 21世纪海上丝绸之路倡议的实践创新 …………… 65

第四章 海南省在21世纪海上丝绸之路倡议下的参与和探索 … 77
  第一节 依托博鳌亚洲论坛，打造常态对话平台 ………… 77
  第二节 建设海洋公园 ……………………………………… 85
  第三节 多元合作机制 ……………………………………… 93
  第四节 提升民众对外交流能力 …………………………… 102
  第五节 发挥华侨华人作用的新探索 ……………………… 113

第五章　笔者参与 21 世纪海上丝绸之路建设的尝试 …………… 125
　第一节　思想上的准备 ……………………………………… 125
　第二节　行动上的准备 ……………………………………… 131
　第三节　发挥个人专长 ……………………………………… 142

参考文献 ……………………………………………………… 157

第一章　21世纪海上丝绸之路倡议的提出和推广

21世纪海上丝绸之路倡议的提出符合世界发展的潮流，顺应了历史发展的趋势，体现了智慧和眼光，在国际社会引发了强烈反响。21世纪海上丝绸之路倡议在精神上和物质上为世界带来了变化，促进了发展，恰如阵阵春风拂过，让人感受到了正能量和精气神。21世纪海上丝绸之路倡议项目的落实增进了民生福祉，带来了诸多惠及民生的利好，促进了文化交流，提升了民众精神富足程度，促进了文化事业共同繁荣景象的诞生。

第一节　21世纪海上丝绸之路倡议的提出与发展

一、21世纪海上丝绸之路倡议的提出

2013年10月，习近平主席在印度尼西亚国会提出建设21世纪海上丝绸之路[1]，指出，"东南亚地区自古以来就是海上丝绸之路的重要枢纽，中国愿同东盟国家加强海上合作，使用好中国政府设立

---

[1] 习近平. 携手建设中国—东盟命运共同体：在印度尼西亚国会的演讲［N］. 人民日报，2013－10－03.

的中国—东盟海上合作基金，发展好海洋合作伙伴关系，共同建议'二十一世纪海上丝绸之路'。"该倡议正式在国际社会出台，吸引了世人的视线。随着中国的和平发展，中国愿意承担更多的大国责任，参与国际事务，和其他国家一道共同致力于世界的和平与共同发展。

21世纪海上丝绸之路是在2013年11月由中国倡议的，中共十八届三中全会在《关于全面深化改革若干重大问题的决定》中强调，要"推进丝绸之路经济带、海上丝绸之路建设，形成全方位开放新格局"❶。2015年，国家发展与改革委员会、外交部、商务部联合发布《推动共建丝绸之路经济带和21世纪海上丝绸之路的愿景和行动》，标志"一带一路"进入实施阶段。❷ 2017年6月20日，国家发展与改革委员会和国家海洋局联合发布《"一带一路"建设海上合作设想》，提出共同建设中国—印度洋—非洲—地中海、中国—大洋洲—南太平洋以及中国—北冰洋—欧洲三大蓝色经济通道。❸ 海南省的海口市和三亚市是21世纪海上丝绸之路的战略支点，其他地区和城市也根据自己的历史和现实情况积极参与21世纪海上丝绸之路的建设。

二、21世纪海上丝绸之路倡议的内涵

21世纪海上丝绸之路倡议包含五个方面的合作，分别是政策沟通、设施联通、贸易畅通、资金融通、民心相通。①政策沟通。没有官方的通气和协调，该倡议无从发展。②设施联通。设施联通是加强国际联结和促进国内经济发展的重要保障，是发达地区带动落

---

❶ 周方冶.21世纪海上丝绸之路战略支点建设的几点看法 [J]. 新视野，2015（2）：105.

❷ 李振福，李婉莹."郑和学院"倡议及建设构想：以共建21世纪海上丝绸之路为背景的研究 [J]. 东南亚纵横，2018（5）：22.

❸ "一带一路"建设海上合作设想 [EB/OL].（2017-06-20）[2021-01-21] http：//www.mnr.gov.cn/dt/hy/201706/t20170620_2333219.Html.

后地区发展的有力举措。③贸易畅通。贸易畅通以贸易作为促进国家优势互补的手段，是国际交往的重要渠道，贸易自由仍然是国际合作的助推剂。贸易壁垒阻碍了贸易畅通。❶ 截至 2018 年第一季度，中国和丝绸之路沿线国家的海运贸易额有了飞速增长。❷ ④资金融通。资金融通是发展的资金保障，让发展不至于成了无根之木和无源之水。亚洲基础设施投资银行（以下简称"亚投行"）创始成员国数量的不断增长引起了国际行会的广泛关注。❸ ⑤民心相通。民心相通意味着民众的互相理解是促进国家间友好关系的基础，如果民心不通，国家的良好政策不能有效落地，国家之间的友谊不能得到很好的维系。

21 世纪海上丝绸之路倡议倡导的"五通"是相互促进的关系。政策沟通是可靠前提。加强官方层面的沟通为制度的推行搭建了平台，政府做好顶层设计，相关规则顺利落地。政府有推行制度的决心并将之展示出来，执行决策的部门沿着正确的轨道推动政策的实施，制度从设计到践行才能够成为通畅的过程。贸易畅通是发展趋势，贸易自由增进了各国人民的福祉，货物贸易和服务贸易的盛行符合时代的发展趋势，是不可逆转的时代潮流。设施联通是有效保障，没有完善的基础设施，运输和通信的成本将增加，夯实基础设施建设是筑牢国家间交往纽带的选择，也是各国赋予重要价值的政策领域。资金融通是现实路径，是保障基础工程从设计到落地的现实基础，没有资金保障，发展将沦为空谈，美好的愿景将永远只停留在纸端。民心相通是国家间交往可持续发展的必要条件，国之交在于民相亲，个体之间的亲善将有效促进国家间关系的向好、向善发展。

---

❶ 刘秀玲，陈浩. 中国与"一带一路"沿线国家服务贸易影响因素探究［J］. 国际商务研究，2020（1）：31.

❷ 何广顺. 解读 2018 年第一季度海洋经济运行情况［EB/OL］.（2018 - 04 - 24）［2021 - 01 - 21］http//www. mlr. gov. cn/xwdt/jrxw/201804/t20180424_1768733. htm.

❸ 王达. 亚投行的中国考量与世界意义［J］. 东北亚论坛，2015（3）：51.

三、21 世纪海上丝绸之路倡议的地位

21 世纪海上丝绸之路倡议是中国向世界发出的善意信号。[1] 21 世纪海上丝绸之路倡议是桥梁和纽带，联结了不同国家、不同地区、不同肤色的人与人之间的关系，推动国家间关系走向良性发展。中国推动建立了优先用于基础设施建设的基金，通过技术手段缩短了国家之间的距离，让他们之间的沟通与交往更加便利。

21 世纪海上丝绸之路倡议也是中国对本国人民的一种承诺。中国共产党坚持以人民为中心的价值观，把人民的利益放在第一位。人有交往的需求，这是人之所以成为人的显著特征，中国人民和世界人民一样，有走出国门到世界各地看一看的需求，也有打开国门喜迎八方来客的需求。人的向群性是建立制度时考量的重要因素。21 世纪海上丝绸之路倡议充分考虑到了人的共性，重视人的发展、合作等内生需求，关切人的诉求。

21 世纪海上丝绸之路倡议推动了系列项目的落地，在新的时空平台上促进了各国交流与合作，为各国人民带来了福祉。用王毅外长的话说，"一带一路"已经成为世界范围内最受欢迎的公共产品和最大规模的合作平台。

第二节　21 世纪海上丝绸之路倡议的时代价值

一、顺应经济全球化的发展

经济全球化是不可逆转的趋势。历史潮流浩浩荡荡，不以任何

---

[1] 王历荣. 海上战略通道对中国经济安全的影响及对策 [J]. 海派经济学，2015 (1)：147 - 149.

个人的意志为转移，只有顺从它的发展才能获得生存和发展的机遇，违逆历史潮流者终将被历史所抛弃。在经济全球化背景下，地球村的态势越来越明显，各国之间的时空距离被缩短，各国的发展再也不可能在一个孤立狭小的空间内实现。过去有一种声音抱怨经济全球化，认为经济全球化凸显了贫富差距，实际上这种论调是经不起任何推敲的。我们不能抛弃经济全球化，更不能掩耳盗铃，人为地否定经济全球化。经济全球化是一柄"双刃剑"，就像硬币有两面一样。正确的态度是积极地适应和引领经济全球化。中国提出21世纪海上丝绸之路倡议旨在推动经济全球化深入发展，[1] 同时给世界经济带来了深远影响。[2]

经济全球化时代的重要特征是相互依存，表现为敏感性和脆弱性。敏感性指相互依存的一方随着另一方的变化而变化，脆弱性则是指一方因另一方变化而变化的程度。[3] 相互依存有助于改善国家间关系，[4] 中国和东盟的关系因贸易的发展得到不断改善。[5] 既然存在相互依存的关系，就应该按照相互依存的思维来办事。21世纪海上丝绸之路倡议就是看到了国家间相互依存的现象，顺应了这种趋势。

正因为经济全球化时代带来了国家间的相互依存和影响，因此，独善其身不可取，共同发展才可取。21世纪海上丝绸之路倡议就是主张各国把自己的事情办好，同时一起把大家共同的事情办好，把自身发展好为其他国家带来更多机遇，有效促进共同发展，在共同

---

[1] 刘卫东."一带一路"战略的科学内涵与科学问题 [J]. 地理科学进展，2015 (5)：542-544.

[2] 杜德斌，马亚华."一带一路"：中华民族复兴的地缘大战略 [J]. 地理研究，2015 (6)：1012-1014.

[3] 黄晓军，黄馨，崔彩兰，等. 社会脆弱性概念、分析框架与评价方法 [J]. 地理科学进展，2014 (11)：1523-1525.

[4] 曹原，葛岳静，王淑芳，等. 经济途径对地缘政治格局的影响机制及其空间表现研究进展 [J]. 地理科学进展，2016 (3)：266-268.

[5] 陈相秒."海上丝绸之路"的东南亚地区 [N]. 联合早报，2015-04-29.

发展的环境中更加积极地促进自身发展。设施互通的倡议就是让各国更为有效地联结起来，各国的货物、人员、能源更便捷地到达他国。政策沟通的提倡就是倡导世界的事情各国共同来办理，保持经常性的政策沟通是促进相互信任的有效路径。

二、顺应区域经济一体化的发展

中国地处亚太地区。亚太地区是世界上最繁荣、最活跃的地区之一，经济发展前景诱人。中国的经济发展离不开亚太地区，世界的和平与稳定也离不开亚太地区。东盟是中国近邻，东盟经济共同体初步形成了生产要素统一市场，[1] 东盟经济一体化促进了亚太的一体化。[2] 21世纪海上丝绸之路倡议顺应了区域经济一体化的发展趋势。中国早就提倡建立中国—东盟自由贸易区，并在该自贸区建成之后升级中国—东盟之间的关系。中国也提倡建立亚太自贸区，将自由贸易的规则融入区域经济一体化的进程之中。21世纪海上丝绸之路倡议就是把海洋打造为合作的纽带，让区域经济一体化在海洋空间得以进一步发展。

21世纪海上丝绸之路倡议与丝绸之路经济带倡议的重要区别就是，前者致力于深化古代海上丝绸之路的荣光，让古代海上丝绸之路的精神得以在现代传承。古代海上丝绸之路助力区域合作，加强中国和南亚、东南亚等国家的交往，加强中国人民和东南亚及南亚等国家人民的交往，留下了很多让世人津津乐道的故事。21世纪海上丝绸之路倡议成为推动区域经济一体化的崭新设计，必将推动亚太地区的繁荣。丝绸之路经济带是在古丝绸之路概念基础上形成的一个新的经济发展区域。丝绸之路经济带，东边牵着亚太经济圈，

---

[1] 王勤. 东盟经济共同体建设的进程与成效［J］. 南洋问题研究，2015（4）：9.
[2] 陆建人. 东盟50年：发展中国家一体化的成功典范［J］. 当代世界，2017（6）：28.

西边系着发达的欧洲经济圈,被认为是"世界上最长、最具有发展潜力的经济大走廊"。

三、顺应了世界期盼

世界是大家的世界,是各国共同生存的空间。东西方虽然具有文明差异,但是更有共同的价值追求。各国都追求进步,没有进步,就要被淘汰。从农耕文明、工业文明再到信息文明,技术的进步推动世界日新月异发展,所有国家都看到了进步带来的好处,追求进步带来的成功。进步是所有国家共同追求的目标。交流是促进国家共同进步的可靠手段,技术转让是弥补国家间技术差距的有效手段。21世纪海上丝绸之路倡议充分认识到进步对于世界诸国的价值,充分尊重世界各国的共同期盼。各国既然追求进步,就会正视21世纪海上丝绸之路倡议为进步带来的机遇,谁也不愿意在合作的浪潮中失去进步的时机。进步是共同的事业,需要由各国共同完成。中国的定位是21世纪海上丝绸之路沿线地区的建设者。❶

公平也是各国追求的共同价值。公平不是"一刀切",而是兼顾了差异。21世纪海上丝绸之路倡议体现了公平的价值,主张各国互帮互助,不要只考虑自己,更不能以牺牲其他国家利益为代价而换得自己一时一地的发展。此外,21世纪海上丝绸之路倡议着眼从人最关心的领域的合作抓起,聚焦与人民福祉密切相关的基础设施领域的合作,真正做到了关注人的切身利益,让普通人感受到真正的公平。

正义是各国追求的共同价值。正确的义利观与孔子以义为先的思想一脉相承。❷ 贫穷不是正义,落后不是正义,只有发展才能带来

---

❶ 孙德刚. 中国港口外交的理论与实践[J]. 世界经济与政治,2018(5):5.
❷ 陈向阳. 正确义利观指引中国与发展中国家新合作[J]. 对外传播,2015(5):8.

正义。国家不能仅仅满足于生存,虽然生存是发展的前提和基础。人也不能仅仅满足于生存,虽然温饱问题目前在世界范围内还没有得到普遍解决。推动发展是践行正义价值理念的表现,正义是在切实追求各国和人民发展的进程中得以实现的。中国倡导共同发展,就是追求义的体现。❶ 中国同世界各国打交道秉持以义为先的原则。❷ 具体来说,义就是向发展中国家提供更多的帮助。❸ 21世纪海上丝绸之路倡议描述了未来世界的美好愿景,以及通往这幅美好画卷的具体路径,它是正义的宣誓书和冲锋号,是通往胜利彼岸的路线图,满含正义的意蕴,是正义的象征与代名词。

  自由是各国追求的共同价值。落后只会遭人欺凌,无法捍卫自己的权益,丝毫谈不上自由。自由意味着强大,是充分实现了自我发展之后的更多选择。自由是舒适的环境造就的,制度促进了环境的改善,让不完美的人性逐渐完善起来,让所有国家行为体和个人行为体的利益得到充分的尊重。道德的根本内容就是承认和尊重所有人的权利。国家是实现人之自由的重要武器,正所谓皮之不存,毛将焉附。21世纪海上丝绸之路倡议是给予国家更多自由度的保障,是国家得以实现其本国公民更大程度自由的保障。中国追求的自由不是片面的自由,是全面的自由,不是单一的自由,是所有国家都能体验和感悟的自由,不是当代人才能体验的自由,而是子孙后代都可以享受到的自由,不是牺牲公平获得的自由,而是在公平基础之上实现的自由,不是狭义的自由而是广义的自由。

  相互尊重是各国追求的共同价值。尊重是行使自己的权利和履行自己的义务,在这个过程当中尊重其他国家的权利和义务,从而

---

❶ 习近平谈治国理政:第二卷[M].北京:外文出版社,2017:33.
❷ 习近平.谋共同永续发展 做合作共赢伙伴:在联合国发展峰会上的讲话[N].人民日报,2015-09-27.
❸ 习近平谈治国理政:第一卷[M].北京:外文出版社,2018:299.

保证所有国家的权利并行不悖地行使，呈现国家之间和谐相处的局面。中国人是讲辩证法的。矛盾无时不在、无时不有，解决了旧的矛盾之后会出现新的矛盾，矛盾不是冲突的发端，只要相互尊重，在认可自己利益的同时尊重他国的利益，将推己及人的心态用于处理国家间关系的进程中，相互尊重将成为普遍的现象。21世纪海上丝绸之路倡议关切到所有相关国家的利益，其秉持的相互尊重的精神不容忽视。

四、顺应了民心所向

人向往和平。和谐稳定的外部环境是各国合作发展的重要基础。[1] 在和平的环境中，人的身心才能得以舒展，人的价值才能得到实现，人才能成为大写的人。战火纷飞和炮火冲突是人类共同的梦魇，发动战争者终将被时代所抛弃，为人所鄙夷。21世纪海上丝绸之路倡议因和平而生，是和平的使者，它的推动和普及将为整个世界带来和平的希望。其倡导的温和理性的精神和合作共赢的理念注定让世界撒满和平的曙光。

人向往稳定，在稳定的环境中人才能得以实现全面发展。安定意味着安居乐业、四邻和睦，意味着事业全面走上正轨。21世纪海上丝绸之路倡议聚焦推动可持续发展和实现长久稳定，顺应各国民心，成为普通民众交口相传的高频词。

人向往交往。随着时代的发展和社会的进步，人理解外部世界的需求日益增加。他们渴望到国外旅游，领略不同地方的风土人情，他们渴望到国外求学就医，领略当地先进发达的教育和医疗水平，他们渴望到国外进行资源开发，寻求实现事业发展的大好机遇。总之，走出国门去看一看已经成为世界潮流。中国人的消费能力也带

---

[1] 李振福，李婉莹."郑和学院"倡议及建设构想：以共建21世纪海上丝绸之路为背景的研究［J］. 东南亚纵横，2018（5）：23.

动了很多国家的经济发展,中国人购买奢侈品牌的群体也不断扩大,中国人在海外的足迹越来越广泛。人同此心、情同此理,人向往跨越国界的交往是不争的事实。21世纪海上丝绸之路倡议让民众之间的交往和沟通更加快捷和便利。

五、把人类整体利益作为价值追求

人类本身具有独特的价值意义。第一,人是历史的主体,是历史的创造者。文化是人创造的一切物质和精神财富的总和,从人诞生之后,他们就为了世界的完善不断贡献着聪明才智,推动着历史的进步与发展。没有人的付出,就没有各项进步事业的出现。因此,人本身就是值得尊重的。中国改革开放取得的每一项伟大成就都是中国人民在实践当中一步步实现的,中国的发展依靠人民,也为了人民。第二,人是服务的对象,一切历史的进步终将是为了实现这个目标。实现人的全面发展,让人过得更加有尊严,满足人民日益增长的美好生活需求是中国共产党的政治目标。人民幸福是中国梦的有机组成部分,是与中华民族伟大复兴的宏伟目标同步推进的。第三,所有人都是值得公平对待的对象。人的尊严和幸福感的满足不应该因为来自不同地域或不同国家而受到减损,不应该因为经济发展的落后而受到忽视,相反,国家之间更应该通过合作的方式去保障人的权利得到充分的捍卫。第四,人是目的。人是不同国家的人,但是人更是整个人类的人,人类本身就意味着一种价值导向。人不应该因为是外国公民身份而受到差别待遇,国家有边界,但是对于人的保护应该超越国界的限制。21世纪海上丝绸之路倡议主张合作的精神。在新冠肺炎疫情席卷全球之际,中国主动向其他国家伸出友谊合作之手,表示愿意将疫苗研发取得的进展与世界各国共享,着眼的就是减少人类损失和挽救人类生命这个目标。这个举动意味着,中国不只考虑本国公民的健康,而是超越了地域和国界的限制，在应对全球公共卫生事件时超越了狭隘的国家主义，把全人类整体利益作为有价值的客体来看待，希望能够为整个人类的公共卫生事业做出力所能及的贡献，充分显示出全人类作为一个整体所具有的价值。

21世纪海上丝绸之路倡议呼应了赋予整个人类整体利益作为价值追求的理念。21世纪海上丝绸之路倡议重视人的首创精神，尊重人的改革创造，认为人在其中具有不可替代的作用。21世纪海上丝绸之路倡议是官方提出的，但是民间的推动赋予其生生不息的活力，为其源源不断地注入新的内涵，为其发展不断掀开新的篇章。21世纪海上丝绸之路倡议的生根、发芽和开花，每一步都离不开人的推动，21世纪海上丝绸之路倡议取得的实际成果也助推人的全面发展，事业不断得以实现，21世纪海上丝绸之路倡议精神代代繁衍。21世纪海上丝绸之路是中国人民的丝路，也是世界人民的丝路。同在蓝天下，拥有同一个梦想，全人类的心因为相同的梦想走到了一起，超越了地域的阻隔和文化的差异。

第三节 21世纪海上丝绸之路倡议流行的原因

一、唤醒了历史记忆

历史记忆具有超越时空的力量，是文化的载体，是国家寻找自我认同时必要的参照，是民族的文化坐标。文化是共同的心理情感，虽然当代人并未经历过先辈先贤的历史，但是他们可以感受前人的荣光和辉煌，这是历史记忆赋予的功能。博物馆、教科书、纪录片都是历史记忆的载体，它们见证了历史上发生的故事，向今人讲述着往昔的重要瞬间。历史照进现实,使古今之间发生了奇妙的联系,让不同时代的人可以分享共同的情感,让今人可以参透古人的故事。

21世纪海上丝绸之路倡议让世人温习了古代海上丝绸之路的故事。海上丝绸之路是一条以丝绸贸易为标志的、长期存在的中外不同国家和地区之间的海上交通线,并具有与之相伴随的经济贸易关系。❶ 郑和下西洋的英雄壮举是更加鲜活的历史记忆,❷ 那些历史篇章再一次生动地撞击到人的心灵深处。福州市、泉州市的港口是古代海上丝绸之路的主要港口。❸ 古人通过海上贸易以及海上航道的开辟繁荣了海上经济,海洋成为见证密切贸易关系和人文往来的平台。南宋时期对外贸易极为繁盛,❹ 作为都城的杭州是贸易的交汇地。❺

古代海上丝绸之路是贸易和文化交流之路,❻ 也是海洋基础设施不断完善之路。东西方之间的距离因此缩短,具有异域风情的文化物品跨越海域阻隔从遥远的西方来到东方,❼ 东方神秘的文化元素也交流至西方,文化因互动而充满生机。❽ 中国的航海先驱者把中国文化传入朝鲜和日本。❾ 唐代,中日之间展开了密切的诗歌文化交流。❿ 北宋时期,海上航线密集,中外船舶往来频繁,广州市成为最

---

❶ 姜波,赵云,丁见祥. 海上丝绸之路的内涵与时空框架[J]. 中国文物科学研究,2016(2):23-24.
❷ 周运中. 郑和下西洋新考[M]. 北京:中国社会科学出版社,2013:345.
❸ 陈道德. 从我国古代航海事业的发展看"一带一路"的重大意义[J]. 文化发展论丛,2018(1):230-232.
❹ 李剑农. 宋元明经济史稿[M]. 上海:生活·读书·新知三联书店,1957:6.
❺ 元典章:卷五十九[M]. 北京:中国书店,1990:10.
❻ 李国强. 古代丝绸之路的历史价值及对共建"一带一路"的启示[J]. 大陆桥视野,2019(2):32.
❼ 冯文慈. 中外音乐交流史[M]. 长沙:湖南教育出版社,1998:263.
❽ 陶亚兵. 中西音乐交流史稿[M]. 北京:中国大百科全书出版社,1994:224.
❾ 陈炎. 海上丝绸之路对世界文明的贡献[J]. 今日中国,2001(12):10.
❿ 户崎哲彦. 唐代台州刺史陆淳与日僧最澄:唐诗在日本[J]. 台州学院学报,2019(1):11-13.

大的海外贸易港口。❶ 元代，泉州市超过广州市成为第一外贸口岸。❷ 由风浪写成的海的故事，也包含勤劳智慧的前辈先贤克服无数可以想象和不能想象的困难，风雨同舟、战天险、斗天灾，经过艰辛摸索，用心血跋涉出一条条航线的故事。在探索海洋资源的同时，无处栖身的广袤海域催生了一座座港口。港口是中转站，是休憩地，是避风港，是贸易的集散地，是中途的驿站，是舒适的港湾，是宁静祥和的象征，是友谊和交往的平台，也是散落在丝绸之路伟大征程上的点点珍珠。它们是空间上的节点，编织了海上人文交往与贸易流通的宏伟画卷。

古代海上丝绸之路是人的视野不断开拓之路。海域的阻隔是客观存在的现象，但是它是一种可以跨越的力量，❸ 在它面前，人既是渺小的又是充满战斗力的。通过发现、利用、探索海洋，人不断增强与自然和平相处的能力，不断摆脱盲目自大的心态，不断承认世界的无限性和可知性，不断认识到人在自然面前有可为和不可为。无视自然规律，只能陷入事倍功半的尴尬境地，顺应自然规律才能事半功倍，两种截然不同的心境收获的是截然不同的结局。古代海上丝绸之路是人与海洋和谐相处之路，是东西方不同文明的人和谐相处之路。通过这条丝绸之路，人不断地打破内陆的阻隔，发现海洋的新天地；从世界的一端到达另外一端，发现不同文明之间竟然有如此奇妙的共同话语；见识到从未领略过的海洋奇观，也感叹无法避免的海洋灾难；发现有些自然现象是可以克服的，有些是远远超过常人的能力范围的。人的视野和心胸在走向深海的过程中得到了培育和磨砺。

---

❶ 洪适. 盘州文集：卷三十一［M］. 北京：北京图书馆出版社，2004：28.
❷ 王象之. 舆地纪胜：卷一百三十［M］. 北京：中华书局，1992：3753.
❸ 詹姆斯·R. 霍尔姆斯，吉原俊井. 21世纪中国海军战略［M］. 闫峰，译. 上海：上海交通大学出版社，2015：93.

古代海上丝绸之路是今人寻找自我认同时必然参照的坐标。人立身处世，经常对一个哲学问题进行追问，那就是人从哪里来，将往何处去，人类的文明是从哪里发源的？毫无疑问，海洋是人类文明的重要发源地。当矗立于海洋面前或置身于海洋之中，海洋带来的震撼穿越了古今，这是直指人心的力量，是进入灵魂深处的撞击。人类文明进化史离不开对海洋文明的溯源，海洋是人进行发明创造和探索开发的重要起点。海洋文明哺育了世代繁衍、生生不息的人类，人类的足迹也遍布了海洋，海洋的变迁打上了深刻的人类烙印。

二、触发了人类情感的共鸣

人类在开启寻根之旅时，倾向于面对海洋进行追问，愿意从浩瀚博大的海洋文明探寻人类文明的起源。中国提出21世纪海上丝绸之路倡议，很容易引导民众一起踏上追问自身源起的征程，最大限度地引发民众的共鸣。文化具有丰富的内涵，共同的情感也是一种文化。人类对海洋有着深厚的情感，在提及海洋时带着崇拜与敬畏，愿意为海洋事业的发展贡献聪明与才智。海洋是人类寄存共同情感的平台，是人类创业的平台，是人类心灵的共同归宿。21世纪海上丝绸之路倡议一经问世便引发了强烈反响，因为它触碰了人类丰富敏感的情感开关，使情感波涛奔涌宣泄出来，成为举世罕见的力量。

人类遇到困惑时，也倾向于向海洋寻找答案。岁月变迁、沧海桑田，海洋为人类提供源源不断的新鲜感。随着科学技术的进步，向深海要资源已经成为各国共同的选择，但海洋资源并非取之不尽、用之不竭的资源，资源的有限性和开发的局限性相伴相生。当人类几近认为可以征服海洋的时候，无数次在挫败中迷茫，在迷茫中反省，在反省中改进，在改进中重生。困惑与开朗交替进行，人类在跌打碰撞中彻底认清海洋母亲的宽容和严厉。海洋对人类有恩赐，也有惩罚，一味地索取而不知保护只会陷入愚昧荒谬的深渊，保护与开发并举才是对海洋的合理态度。21世纪海上丝绸之路倡议满含对海洋的深情，体现了人类对海洋的赤子情深，是符合文明发展规律的必然选择。21世纪海上丝绸之路倡议一改中国传统的思维，提倡陆海内外联动。中国历史上普遍重视陆权，而较少重视海洋事业的发展。海洋强国事业的提出，显示了中国领导人的博大胸襟和中华儿女与时俱进的品格。21世纪海上丝绸之路倡议不仅提倡开发利用海洋，还提倡保护和爱护海洋，对海洋进行污染处理和特殊污染防治，❶向海洋投入了满腔热爱和呵护之情，这种对海洋的珍视在世界范围内引起强烈的共鸣。

人类受到挫败或受伤时，愿意从海洋中寻找慰藉。个人是渺小的，人类也是脆弱的，血肉之躯在现实的世界遭遇挫折和打击是常有的现象，宁静浩瀚的大海是人类心灵的归宿。大海不仅可以承载人类的辉煌，还承载了人类的失意与落魄。人类文明的历史在反复失去中前进，片刻辉煌的背后是不为人知的心酸和泪水。海洋装满了人类的眼泪，也以独特的方式向人类传递着力量，激励着人类重整旗鼓，重新焕发出生机与活力。21世纪海上丝绸之路倡议向海洋探寻合作的机遇，挖掘海洋抚慰人心的效能，同样引发了全人类的共鸣。

人类事业取得进步时，也愿意用实实在在的方式向海洋表达感恩。人有感恩心态，对海洋充满感恩之意，这种感恩情怀是人类普遍存在的情感。海洋事业的兴旺发达，是人类一手打造的结果，人类面对海洋不是一味索取，而是在开发中保护，在保护中推进海洋的永续存在。海洋对于人类而言不仅是利用的对象，也是爱护的对象，不仅是生产繁衍者，也是受照顾和受保护者。21世纪海上丝绸之路倡议把海洋当作有血有肉的存在，把海洋和人类的关系视为相

---

❶ 陈燕. 突发性海洋溢油污染事件应急处理研究［J］. 环境科学与管理，2014（6）：27-30.

辅相成的关系，其对海洋发射的是无比善意的信号。21世纪海上丝绸之路倡议的成功推行，必然包含港口设施的修缮就航线设置的修缮，这是对海洋的反馈与感恩，是用实实在在的举动显示人类的感恩情怀。

三、体现了人类的理性

人和动物的区别不在于人有感情，而在于人有理性。鸳鸯和天鹅都有感情，它们对伴侣的深情让身为人的旁观者忍不住泪目。但人有理性，是人得以成为人的根本。社会的发展促进了人的理性，使人越发可以掌握拥有理性的能力和勇气。中国经济实力的增长非常迅速，中国社会各项事业取得了长足的进步，教育质量的改善促进了国人综合素质的提升，中国领导者在国际舞台上表现出了大国领袖的风采和气派。21世纪海上丝绸之路倡议的出台恰逢其时，向世界注入了理性的气息。中国成长和发展的过程中存在利益相关者，❶满足这些利益相关者的要求，才能获得他们的支持，并且促使资源在相关行为体之间的分配。❷

人的理性在于看到机遇并抓住机遇，以实现自身的发展。中国转向海洋求生存和发展。❸海洋已经为人类的发展不断掀开了新的篇章，海洋和人类和谐共生是不争的事实。如何思索海洋和人类的联结，并且推动海洋和人类的关系不断走向更好的境地，是人应该思考的问题。海洋是交通的通道，是通信的通道，是人类事业发展的宽广空间和重要路径，是与陆地并驾齐驱的人类事业的载体。历史上人们对海洋的认知在很大程度上是不可知的，随着技术的进步，

---

❶ 高尚涛. 外交决策分析的利益相关者理论 [J]. 社会科学，2016（1）：24.
❷ 爱德华·弗里曼，杰弗里·哈里森，安德鲁·威克斯，等. 利益相关者理论：现状与展望 [M]. 盛亚，李靖华，等译. 北京：知识产权出版社，2013：23.
❸ ANDREW S E, LYLE J G. China goes to sea: maritime transformation in comparative historical perspective [M]. Annapolis: Naval Institute Press, 2009: 33.

海洋以温和可亲的面貌出现在人类面前。如果忽视海洋，只会坐失良机，任大把的机遇消耗殆尽。只有妥善利用海洋，合理开发海洋，海洋才能给人类提供更好的发展机遇。海洋科学考察将成为普遍现象，海洋不再是人类知识的盲区，深海开发和海洋科技将不断更新人类关于未知领域的知识。海洋蕴含着无穷无尽的宝库，它正等着人类去揭开神秘的面纱。21世纪海上丝绸之路倡议看到了海洋之中孕育的机会，在深海技术越来越成熟的情况下，向人类描述了美好动人的愿景❶。

人的理性在于看到自身的不足并通过合作弥补个体的局限。任何一个个体都不能完全解决人的发展遭遇的所有瓶颈，这是客观使然，人想获得发展必须充分认识到个体局限，通过合作打破局限。国家也一样，任何一个单一的国家都不可能完全解决其发展过程中遭遇的所有问题，合作成为必然，这是摆在国家面前的客观情况。中国面临海上安全的威胁与挑战，其他国家同样如此❷。在全球化时代，人的相互依存、相互联系程度加深了，国家的相互依存、相互联系程度也加深了，与其单打独斗，不如通力合作。蛋糕的大小不是固定的，反之，是可以通过合作共同将之做大、做强的。蛋糕不是由一个人吃的，大家一起分享才能更好地品尝其美好滋味。海上航线与海上战略通道安全直接关系到中国经济的可持续发展，❸关系

---

❶ 胡波.2049年的中国海上权力：海洋强国崛起之路［M］.北京：中国发展出版社，2015：138—144.

❷ 海军发展战略发生转变主要有三方面考虑［EB/OL］.（2015－05－26）［2019－01－17］.http://www.scio.gov.cn/xwfbh/xwbfbh/wqfbh/2015/32858/zy32863/Document/1435118/1435118.Htm.

❸ GABRIEL C，ANDREW S E，LYLE J G，et al. China's energy strategy：the impact on Beijing's maritime policies ［M］. Annapolis：Naval Institute Press，2012：307.

到中国石油安全,[1] 关系到中国社会稳定,[2] 中国在维护海运畅通方面具有重要利益。[3] 航行过程具有脆弱性,[4] 其他国家同样具有这些利益,保障海上航道安全是他们的共同使命,[5] 从航程始发到结束都要保障航道通畅,[6] 它们在共建 21 世纪海上丝绸之路的过程中合作与协同性增强,摩擦和矛盾减弱。[7] 21 世纪海上丝绸之路倡议指明了具体的路径,对于贸易、设施联通、人文合作等领域的共同事业应如何开展有较为详细的规划。[8] 21 世纪海上丝绸之路沿线国家已在探讨建设水上应急储备库。[9]

理性还在于清晰地制定出具体的目标,让努力有针对性。21 世纪海上丝绸之路倡议展示了美好的愿景,是向世人招手的彼岸,只有辛苦作为才能顺利到达这个彼岸,反之,只能站在此岸望洋兴叹。从此岸通向彼岸,有很长一段路要走,国家间应该摒弃嫌隙,加强政策沟通,让资金得以保障,让项目得以顺利落地,让政策的实施得以有效推进。正是因为现实和目标之间尚有差距,努力才显得格外的珍贵和具有价值。"五通"指政策沟通、设施联通、贸易沟通、资金沟通、

---

[1] Barden J. The Strait of Hormuz is the world's most important oil transit chokepoint [EB/OL]. (2019-03-04) [2020-02-03]. https://www.eia.gov/todayinenergy/detail.php?id=39932.

[2] 胡波. 论中国的重要海上利益 [J]. 亚太安全与海洋研究, 2015 (3): 23.

[3] 中共中央、国务院印发《交通强国建设纲要》 [EB/OL]. (2019-09-19) [2020-01-21]. http://www.gov.cn/zhengce/2019-09/19/content_5431432.htm.

[4] GOPAL S. China's expanding military maritime footprints in the Indian Ocean Region (IOR): India's response [M]. Washington, DC: Pentagon Press, 2017: 73-76.

[5] 中国现代国际关系研究院. 海上通道安全与国际合作 [M]. 北京: 时事出版社, 2005: 15.

[6] 史春林. 国际海上通道安全保障特点与中国战略对策 [J]. 中国水运, 2014 (4): 16.

[7] 杨庆龙. 构建中美新型大国关系: 国际共生论的视角 [J]. 国际展望, 2017 (1): 149-150.

[8] 杨博文, 帅建祥, 等. "一带一路": 腾飞中国之全球战略 [M]. 北京: 石油工业出版社, 2016: 5.

[9] 艾云飞, 吕靖, 张丽丽, 等. 水上应急物资储备库选址: 分配优化模型 [J]. 大连海事大学学报, 2015 (2): 64-66.

民心相通。"五通"之中的每一个通,都是要克服一定的阻力才能实现的,而克服阻力是大家共同面对的问题,克服困难的道路上一个都不能少,攻坚克难需要理性的最大集合,这也是理性发挥过程中收获的最大效果。"五通"确立了行为体对规范行为界限的认同。❶ 21 世纪海上丝绸之路倡议的提出是理性促使的结果,其落地和践行也是检验理性的结果,理性是成熟的还是有待弥补的,21 世纪海上丝绸之路倡议的实施过程是最好的试金石。21 世纪海上丝绸之路倡议在实践中促进了双边法治建设到多边法治建设的转变。❷

四、为人类带来了福祉

第一,促进了就业机会。

由于世界范围内的经济增长动能不足,普遍出现了就业不景气的现象。这一现实的问题是每个国家都必须直面的问题,任何时候都不能回避。这个问题如果解决不了或不能妥善解决,轻则影响个人的前途和命运,重则危及整个社会的稳定和发展。21 世纪海上丝绸之路倡议之所以广受欢迎,就是因为它在很大程度上缓解了其他国家的就业压力。

首先,中国援助其他国家发展基础设施建设。东盟国家基础设施的完善需要大量投资。❸ 中国和东盟在基础设施领域的合作可谓优势互补。❹ 加大基础设施的互联互助,实现优势互补,是推进 21 世

---

❶ 闫岩. "南海行为准则"取得里程碑意义进展 [EB/OL]. (2018-08-04) [2019-05-21]. http://military.people.com.cn/n1/2018/0804/c1011-30209028.html.

❷ 刘敬东. "一带一路"法治化体系构建研究 [J]. 政法论坛, 2017 (5): 127-129.

❸ BISWA N B. Estimating demand for infrastructure in energy, transport, telecommunications, water and sanitation in Asia and the Pacific: 2010-2020 [D]. ADBI Working Paper, 2010: 248.

❹ 赵洪. "一带一路"倡议与中国—东盟关系 [J]. 边界与海洋研究, 2019 (1): 36.

纪海上丝绸之路建设的重要保障。[1] 中国为国外基础设施建设项目提供了资金支持，[2] 参与了巴基斯坦港口的建设，[3] 这是双赢的结果。[4] 这些基础设施建设工程从顺利开工到完美竣工，都需要强大的技术支撑以及庞大的技术队伍，势必依赖当地的劳动力市场。这些工人须经过培训具有特定的资质才能上岗，培训的过程对于他们而言就是学习机会，使他们掌握熟练的劳动技能，或在特定领域的特定工种或工作流程中掌握一技之长。社会分工走向精细化是必然的趋势，随着各国走上现代化道路，专业技术能力尤显难能可贵，可以说，技术工人是广受欢迎的。掌握技术意味着掌握了安身立命之本。中国援助的设施建设必然包含了对异国他乡劳动力的培训，使他们从对一门技术懵懂无知发展为熟练运用，尤其是该技术在当地还是先进的。项目有竣工的时候，但是项目留下的长远影响是让人感到欣喜和振奋的，技术可以普及推广，这是知识特有的效能，流传的技术可以转化为拉动就业的引擎。

其次，基础设施项目改善了当地的经济环境，盘活了当地的经济发展。[5] 项目的成功带来辐射效应。[6] 更多的新型业态开始出现，这些前所未有的新鲜事物刺激了当地居民的灵感，他们开始探索未知的商机，开始捕捉新变化孕育的新机遇，促使经济环境向好的方

---

[1] 唐俊. 应将"21世纪海上丝绸之路"延伸至拉美[J]. 当代世界, 2015 (2): 34.

[2] DAVID B. China's new network of Indian ocean bases [EB/OL]. (2018-01-30) [2019-01-28]. https：//www.lowyinstitute.org/the interpreter/chinas-new-network-indian-ocean-bases.

[3] BRAHMA C. China's creditor imperialism [J]. Japan Times, 2017 (12): 21.

[4] There is no Chinese 'debt trap', says myanmar minister [N]. South China Morning Post, 2018-06-30.

[5] Regional integration: towards an inclusive value chain strategy [EB/OL]. (2014-05-08) [2015-01-07]. https：//www.cepal.org/en/publications/36734-regional-integration-towards-inclusive-value-chain-strategy.

[6] 杜正艾. 精选"一带一路"建设战略支点国家的意义与建议[J]. 行政管理与改革, 2016 (6): 30.

向持续发展。中国援助的雅万高铁采取整单输出的方式,从项目选址、勘察设计、开工建设到沿路网点的各个环节和步骤都采用整体打包的方式,整个流程带动了很多业态的发展,也促使新的业态开始出现。这对于提振当地经济和激励当地居民具有莫大的效能。在和中国工程队打交道的同时,当地居民在沟通中启发了思维,碰撞出灵感,他们可以就地做一些小生意,也可以发展一些颇有规模的经营,只要有人存在的地方就有商机。截至 2018 年 3 月底,中国在东盟 8 个国家建立了 27 个经贸合作区,提供就业岗位 7.1 万个。[1]

最后,基础设施的完善提升了相关地区的交通和通信便利程度,促进经济平衡发展。经济发展自身带有带动就业的潜能。闲置的资金用于投资,促进了民生产业的发展,使人民的生活水平不断改善,而在解决温饱问题之后,人们又开始追求更高的精神境界,就业取向和精神追求更为契合。当人被动择业的时候,就业积极性受到限制,内在的潜力挖掘不出来,整体上看,就业活力无法得到释放。相反,如果人不是因为生存或金钱压力择业,而是因为内生的精神需求主动考察就业机会和寻找就业机遇,他的潜力和激情在合适的当口会有宣泄的时机。通信和交通设施便利程度的提升,让人在更广阔的空间寻找发展空间成为可能。他们不会局限于一城一地,而会关注便捷的资讯,以实地考察方式决定自己的职业发展取向,长此以往,人不再是偏安一隅进行有限选择的人,而是放眼四方在宽阔的舞台上驰骋发展的人。这是基础设施大网络带来的神奇变化,这些变化或许让人始料未及却是真实存在。毫不夸张地说,基础设施的互联互通让地球村真正成为现实,让全球化真正得以均衡发展,让落后地区再也不是被经济潮流遗忘的角落,让所有人都被公平对待越来越成为现实。

---

[1] (佚名). 一张图带你了解中国与东盟的"交情"有多深 [EB/OL]. (2018 - 10 - 30) [2019 - 01 - 30]. 中华人民共和国商务部网站.

第二，21世纪海上丝绸之路倡议带来的是精神的洗礼。

一是播撒公平精神。在追求进步的道路上，一个都不能少。谁都不愿意在前进的道路上被边缘化，每个人都有享受社会进步和世界发展带来的利好的权利和机会。机会公平能够助力实现全方位的公平。有时候，人不发展不是因为能力的欠缺，而是因为机会的欠缺，21世纪海上丝绸之路倡议就是要促进更大限度的机会公平。在机会面前，善于抓住机会，人能够实现发展，抓不住机会只能坐失良机看着别人实现发展而自己仍然无从得到发展。在21世纪海上丝绸之路倡议带来的无限商机中，如果仍然只是采取观望态度，不愿意努力，不愿意进取，或者不愿意改变现状，抓住机会的可能性微乎其微，相反，如果在机会面前愿意改变，愿意付出劳动，则抓住了改变自己命运的钥匙。

二是播撒务实精神。[1] 务实是有针对性地发现并解决问题。现代社会呼吁问题意识，每个时代都有它致力于解决的主要矛盾。中国特色社会主义进入新时代，要解决的主要矛盾就是不平衡、不充分的发展和人民日益增长的美好生活需求之间的矛盾。每个国家、每个人在不同的发展阶段都有其致力于解决的主要矛盾。解决主要矛盾是发展的基本动力，矛盾解决不了相当于原地踏步。21世纪海上丝绸之路倡议就是看到了制约各国经济发展的普遍问题，就是要为世界经济注入新的增长动能，这是务实精神的强烈体现。为世界经济找出了病症，还应该为它开出药方，这也是务实态度的体现。务实精神有利于解决实际问题。在务实精神的驱动下，干劲增加了，人的努力被赋予极高的价值，被推动朝着解决社会最为关注和经济发展最需解决的问题的方向发展。中国各地方参与21世纪海上丝绸之路倡议的热情空前高涨，特别是沿海省份正在积极探寻自己的新

---

[1] 何志鹏. 国际法治的中国方案："一带一路"的全球治理视角 [J]. 太平洋学报，2017（5）：7.

时代方位。❶

三是播撒勤勉精神。决策方针要想有价值，必须落地生效。推动一个设想或理念从观念转化为现实，需要具备勤勉精神。21世纪海上丝绸之路倡议已经结出丰硕成果，大批工程项目和产业园区蓬勃发展，见证了大批工程师和技术人员辛勤劳动的过程。任何硕果都是由辛勤的汗水浇灌出来的，白日梦是不值得提倡的。21世纪海上丝绸之路倡议没有只停留在口头声明阶段，不是只有说说而已，从它问世的第一天，就马不停蹄地踏上逐渐落实之路。亚洲基础设施投资银行的开业，中国和其他国家签署"一带一路"合作协定，大批项目的完工无不昭示着勤勉精神创造的光辉业绩。中国速度让世界称奇，也给很多地区和民众带来了欣喜，奇迹是无声的言语，其功效强过无谓的说教。中华文化具有极强的劝说能力，教育人勤勉向上的故事不胜枚举，但是中国速度以实际行动让中国人的勤勉以最动人的方式得到了展现。勤勉是可以分享的，它是一种共同观念，是精神动力。

四是播撒合作精神。团队精神是可以塑造出来的，它可以磨平尖锐的棱角，让妥协成为习惯，让合作成为日常，让整体的合力得以激发，让个体的智慧最大限度地整合为集体的智慧。关于"一带一路"，习近平总书记要求形成区域大合作。❷ 中国和邻国合作不断深化。❸ 21世纪海上丝绸之路倡议是落实周边外交实践的组成部

---

❶ 编者按．泉州市建设21世纪海上丝绸之路先行区行动方案［EB/OL］．（2016-01-20）［2017-02-07］．https：//www.yidaiyilu.gov.cn/zchj/jggg/1481.htm.

❷ 盘点：习近平对"一带一路"倡议的重要论述［EB/OL］．（2016-02-12）［2017-01-03］．http：//world.people.com.cn/n1/2016/0212/c1002-28119992.html.

❸ 中俄发表联合声明：将丝绸之路经济带建设和欧亚经济联盟建设相对接［EB/OL］．（2015-05-09）［2016-03-04］．https：//www.guancha.cn/politics/2015_05_09_318846.shtml.

分。❶ 合作是全方位的，中国深入参与海洋事务国际合作，从海上救援合作❷到海洋贸易，不一而足。单打独斗是原始状态，合作应该成为人类社会特别是网络社会的常态。人是附着在社会意义之网上的动物，人因为在置身其中的关系网络中找到自己的位置，所以关系无处不在，小到班集体，大到朋友圈都见证了网络的力量和功效。人应该学会合作，不然将会寸步难行，可能受排挤，可能不合群，最终将无法独善其身。国家也应该学会合作，这是全球化时代的基本技能，否则将无法处理好本国内部的事情，因为看似属于一个国家的事情往往超越了国界，需要其他国家予以配合才能加以妥善解决。总之，合作是经济和社会发展的趋势，是时代的浪潮。顺势者才能得到成功，才能实现梦想，合作作为大势所趋应是这个时代的人必须掌握的基本技能。21 世纪海上丝绸之路倡议将合作作为充满希望的阳光播撒到每一个相关国家，播撒到拥护 21 世纪海上丝绸之路倡议的民众心里，让他们对合作有所期盼，对破坏合作的行为加以抵制，自觉做愿意为合作奉献力量的弄潮儿，愿意站在时代的前沿而不是被弃于时代的荒野。21 世纪海上丝绸之路倡议涉及的项目、园区和基础设施建设都须以团队合作的形式完成，都须打破各种形式的个人主义，都须发挥集体至上的整体主义。这个过程就是发挥共性和顾全大局的过程，就是个体理解和认同集体主义和团队精神的过程，就是最大限度打破单兵突进和提倡团队作战的过程。很多国家和国际组织与中国签署了"一带一路"合作倡议。❸

21 世纪海上丝绸之路倡议所到之处就是播撒合作精神的地方。

---

❶ 许利平. 21 世纪海上丝绸之路与中国—东盟命运共同体［亚太地区发展报告 2015）［M］. 北京：社会科学文献出版社，2015：48.

❷ 张德江. 加强国际应急救助合作 力保海上人命安全［J］. 中国应急管理，2011 (9)：6.

❸ 新华社记者. 大道致远，海纳百川：习近平主席提出"一带一路"倡议 5 周年记［EB/OL］. （2018 - 08 - 26）［2019 - 02 - 21］. http：//www. xinhuanet. com/2018 - 08 - 26/c_1123330829. htm.

合作精神深入人心，也是各国政要乐见其成的事情，合作精神是凝聚国家士气、弘扬民族文化、促进社会稳定的正能量，合作文化的宣传普及是正面因素。现在国际社会也在探讨建立"冰上丝绸之路"的可能性。❶

五是播撒追求卓越的精神。中国高铁以速度和质量让人称奇，很多西方人曾经做过实验，在高速行驶的中国动车车厢的窗台上放置盛满水的容器，发现水能够保持长时间波澜不惊，于是惊奇于中国高铁的质量过硬及行进过程的稳定性。中国制造代表了追求卓越的精神，中国人对自己永不满足，他们永无止境地在挑战自我，进行自我革命。在否定自己、改善、自我、发现新我方面，中国人是有刮骨疗伤的魄力和勇气的，这是老祖宗留下来的优良传统。21世纪海上丝绸之路倡议中，中国把追求卓越的精神注入项目建设中，一次次检验，一次次试行，日臻完美的运营，最终达到令人满意的境地。卓越精神之塑造，是为当代人造福，也是为子孙后代造福。经过当代人努力打造的设施建设，可以给子孙后代使用，其价值体现在持续的使用和改进中。

五、促进了文明的交流

文化是区域经济合作及区域经济一体化的重要催化剂。❷ 文化是民族的灵魂。❸ 文明因交流而繁荣。❹ 唐朝奉行开明的文化政策，鼓励文化交流，创造了文化繁荣。文化交流是和平的象征，也必将促

---

❶ 王志民，陈远航. 中俄打造"冰上丝绸之路"的机遇与挑战［J］. 东北亚论坛，2018（2）：18.

❷ 李曙霞. "21世纪海上丝绸之路"：文化认同助推区域共赢［J］. 长春大学学报，2015（11）：1.

❸ 隗斌贤. "一带一路"背景下文化传播与交流合作战略及其对策［J］. 浙江学刊，2016（2）：215.

❹ 习近平. 深化文明交流互鉴　共建亚洲命运共同体：在亚洲文明对话大会开幕式上的主旨演讲［EB/OL］.（2019-05-15）［2019-06-28］. 新华网.

进和平。不交流、不沟通就没有表达政策的渠道，加强沟通与交流才是顺应民心的举动。21世纪海上丝绸之路倡议主张官方之间做好沟通与交流，任何一个国家的政策都带有深刻的文化烙印，任何一个国家的领导人都是站在巨人的肩膀上看待问题，任何一个个体都是文化的使者，因此，政策沟通本身也是文化交流。透过政策，可以理解文化元素，通过文化分析，可以参透或预知政策，理解文化和理解政策是相互促进的良性循环。21世纪海上丝绸之路倡议倡导政策沟通其实也是倡导文化层面的交流。

21世纪海上丝绸之路倡议还倡导民心相通，倡导开启大规模的人员交往，开启东西方文化碰撞交汇之旅，为东西方人民打开了解彼此文化的窗口。❶ 文化可以丰富心灵，艺术可以陶冶情操，文化是便于普及流行的，艺术是通过审美情趣和提高欣赏品位来感受的，文化和艺术相辅相成。文化不乏艺术的成分，艺术是文化宝库中的瑰宝，让人留恋和赞叹不已。凡尔赛宫向世人展示着独特的魅力，艺术巨匠的杰作仿若视觉盛宴，到访过凡尔赛宫的人无不沉浸于艺术的饕餮盛宴中。中国的颐和园是艺术的象征，园林建筑、规划设计、人文自然景观都是艺术品，是中国园林艺术的集大成者，到访过颐和园的人无不赞叹它的精致与品位。这种艺术的享受是无法想象出来的，只有身临其境才能感受艺术的魅力与神奇，艺术需要交流。文化自成一体，有着明确的边界，文化交流是不同心理情感、不同风俗习惯、不同历史记忆之间的交流，无比神奇，非亲历不能参透。留学生互换项目极为流行，各种跨国界的互访活动也方兴未艾，民众有了解他国文化的需求。笔者在外交学院求学时，曾经和来自尼日利亚、刚果、埃及等国家的人成为朋友，在和他们交往的过程中，品尝了很多国家的美食，增长了自己的厨艺，也理解了很

---

❶ 李子木.《穿越海上丝绸之路》多文种图书在京首发［N］.中国新闻出版广电报，2017-05-12.

多前所未闻的习俗，对其民族精神有了形象的认识。仔细回想起来，这些都是自己从未涉足过的领域，每思及此都是感慨万千，又倍感荣幸，那一段求学岁月已经像记忆中的珍珠深嵌于记忆深处。无独有偶，笔者告别求学岁月在海南省委党校工作时，也曾有幸参与了中国和瑞士合作管理培训项目海南省子项目的接待工作，和瑞士及德国的专家成了好朋友。也曾有幸随团到法国、瑞士和芬兰进行访问。在巴黎充满历史沧桑和怀旧感的街头，追寻文化的踪迹，在爱琴海旁边看行人优雅从容地穿行，感受时尚之都无与伦比的精致与曼妙，沉浸其中、回味无穷。

第二章　21世纪海上丝绸之路倡议的文化价值

21世纪海上丝绸之路倡议本身体现了中华优秀传统文化的价值理念，倡导进行最大限度和广度的文化交流，推进了文化之间的融合和互通。其孕育的共商、共建、共享的理念滋润了亿万民众的心田，应探索多种形式、多种路径推动文化之间的交流和切磋，以达到文化间相互借鉴、共同繁荣的目的。文化交流的载体搭建起来了，更有利于推动文化之间的沟通和对话。

第一节　21世纪海上丝绸之路倡议的价值理念

21世纪海上丝绸之路倡议具有深刻的文化渊源，体现了厚重的文化滋养和强大的文明力量，是中华文化滋润几千年的成果。中华文化源远流长，丰富了中国人民的历史记忆，开放出了灿烂的时代之花。

一、天下大同

大同是仁的归途。大同描述的是男女老少间各有分工、各司其职、和睦共处的场景，每个个体在大同社会中都找到了自己的位置，并且通过多种渠道和其他行为体产生了联结,角色之间的互动维系了社会关系网络。我们常说,理想的社会状态就是路不拾遗、夜不闭户,其实描述的就是大同的状态。在大同的世界中,在路上丢失了东西不必紧张担忧,没有人会将路上捡拾到的东西据为己有,那将是大同社会中令人不齿的行为,也没有人会在夜幕降临之后潜入别人家中偷东西,所以每家每户的门都是敞开的。

中华文化倡导大同观念,所有国家、地区和民众都能以理性务实的态度看待他们之间的分歧。因为差异普遍存在,分歧在所难免,有了分歧并不可怕,关键在于以什么态度看待分歧,并以什么行为处理分歧。只要怀着大爱的心态看待世界,就不会把分歧无限扩大,反而会用推己及人的态度设身处地为他人着想,理解自己的处境,也明白他人的处境,并会换位思考,推演自己处在他人的处境时应该如何去做。用同理心去看待万物,自然会对万物带着宽容和理解的感情,自然会像爱自己一样爱他人。

看到万物的平等性和差异性,就会合理对待差异,坚持平等原则,让所有行为体都能找到自己的安身立命之所,都能发挥自己的长处,都能用自己的劳动建设美好社会。正所谓大家为大家,人人为人人,所有行为体的利益和需要得到尊重和照顾,他们在行使自己权力和利益的同时适当顾及了他人的权力和利益。对于幼儿群体来说,他们需要在一个和平安定的环境里长大,得到更多的关爱,享有受教育的权利,得到实现全面发展的机遇,应用像阳光一样的爱心滋润孩童的心灵。对于青少年群体来说,他们需要培养自己的才干,需要一个合适的环境把自己培养成为具有才能和智慧的人,应该对他们的成长倾注更多的耐心,包容他们少不更事的叛逆,理解他们青春懵懂的冲动和莽撞。对于中年群体来说,他们已经走过了少不更事的时期,褪去了青涩和躁动的外衣,步入生活和事业的稳定期,渴望家庭的安稳和社会的和谐,应该用更多的包容和支持帮他们度过事业上的困顿期。对于老年群体来说，人到迟暮更希望享受家庭的团聚和温馨，渴望得到更多的安全感，应了解他们的心理需求，改善养老保险和医疗制度，提升他们的安全系数。

人根据年龄分为不同群体，还可以根据文化分为不同群体，还可以根据发展程度分为不同群体。从文化层面上讲，人是行走的文化名片，人的言行举止不可避免地打上了文化的烙印，折射出文化的印记，不同文化体系浸润的行为体具有不同的行为模式。不管信奉什么样的文化价值观，接受什么样的文化传统教育，都应该秉持文化之间互相欣赏的原则，理解文化之间的差异，欣赏文化之间的不同，将这些差异或不同视为正常现象，以此为起点创造文化之间和谐相处的局面。从发展程度上进行分析，可以将人分为中等发达国家或地区的人、发达国家或地区的人以及欠发达国家或地区的人。他们基于所处的不同发展环境有不同的诉求，或希望摆脱贫困状态，或希望获得可持续发展，或希望实现更高程度的文明、实现更高层级的治理。应正视他们在发展层面的需求，通过激励措施注入发展动力，通过互帮互助挖掘发展的潜能，一起致力于实现共同发展的目标。

二、仁爱观念

中华民族具有仁义至上的情怀。中国有句古话叫作"仁者爱人"，爱人是"仁"的可观测特征。爱人有四个不同的层面。第一，爱人应该爱自己。"天行健，君子以自强不息"，说的是君子应当顶天立地和奋发图强。当代人自勉之时常说应不负韶华，就是说应该不辜负伟大时代和美好的时光，应该抓住宝贵的青葱岁月干出一番自己满意的事业，对自己的人生有个交代。爱人是从爱己开始的，理解人是从理解自我开始的，对人的感情是以对自我的感情为发端的，没有对自我深沉真挚的热爱就无法发自内心地热爱他人。第二，爱人应该爱他人。在自我眼中他人就是放大的自我，他人和自我具有共同的情感和物质需求，认为自我需求应该得到尊重和满足，就能深刻理解和认同他人的需求也应得到重视和满足。应该爱亲朋好友，通过和他们亲如一家的互动，感受亲情和友情的可贵，这是弥足珍贵的感情，使人在奋斗的道路上并不感到孤单。应该将爱心赠予弱势群体，向他们伸出温暖的双手，让他们切实感受到自己并没有生活在被人遗忘的角落，相反，社会上的善心人士在为改变自己的境遇持续付出不懈的努力。应该向需要帮助和关怀的人献出爱心，人既是强大的又是脆弱的，人随时都有可能面临人生的低谷，没有谁能永久站立于高山之巅享受成功的喜悦，成功人士在光环褪去、掌声不再的时候更渴望得到理解和包容。第三，爱人还应该爱社会，更应该爱不同的社会。社会是人的有机组合，是人赖以生存发展的单元，脱离了社会，人将失去发展的空间和平台，因此，社会是人安身立命的场所。爱自己所处的社会，愿意包容它的不完美，也应该热爱他人所处的社会，愿意付诸行动纠正它的缺陷，让社会日臻完善，成为可触可及的目标。第四，爱人还应该爱整个人类，跨越国界限制和文化障碍，让不同国籍、不同文化的人都能得到发展的机遇和平等的对待。

三、天下观念

天下是一个高于国家之上的人类层面的概念。[1] 中国人有家国一体的天下情结，以天下观天下，把天下看作观察的对象，而不是以分而治之的局面观天下。国家是国际社会的基本行为体，是国际舞台上具有持久生命力的存在，国界的存在并不妨碍天下观念的形成和维持。天下是理念中的世界，是超越了现实而到达的远方，头脑

---

[1] 张自慧. 中国传统政治伦理中的命运共同体思想［J］. 孔子研究, 2018（6）: 21.

中的天下是虚与实的结合，指导改造世界的实践行稳致远。天下观反映了中国人的思维方式，"西方人见木，东方人见林"一语道破了东西方之间的思维差异，采用综合全面恢宏磅礴的视角观察世界大势符合中国人的思维习惯。中国人看天下，看到的是碎片差异中蕴含的统一和规律，看到的是不同的文化和历史可以被整合进体系化的进程，以便分享共同发展的机遇，这种观察视角充满了乐观主义精神和积极向上的气质。

天下观蕴含着两点基本理念。第一，个人不能自绝于天下之外，应该从天下大势的研判中谋求自身的发展。当今世界，经济全球化和区域经济一体化的态势越来越明显，国家之间的相互联系和依存程度越来越深入，社会信息化和文化多样化得到越来越多的关注，与此同时，贫富差距在深化，经济增长动能不足呼吁世界经济治理模式的改革，这一切现象都昭示着世界的发展面临着机遇和挑战。看清楚这一点，应进一步分析，应如何根据对天下形势的分析赋予自己的发展规划以意义，在自我的发展前景和天下大势走向之间找到一个平衡点，顺应天下大势，前途就会一帆风顺。第二，国家不能自绝于天下之外。传统安全和非传统安全将国家捆绑在一起。海上反恐、海上维和与人道主义援助属于非传统安全领域的问题。[1] 共同解决这些困扰他们发展的问题，各国才能获得出路，世界发展才能赢来转机。那种"各人自扫门前雪，休管他人瓦上霜"的想法是不合时宜的，"城门失火，殃及池鱼"的观念应该重新树立起来，只有为世界进步贡献力量，才能从向好的天下大势中获得发展的机遇。试想，如果面对恐怖主义畏缩不前或不敢发声谴责，或不敢采取行动予以强力回击，恐怖主义的气焰将甚嚣尘上，编织遍布全球的组织网络，等到其羽翼丰满再对其进行打击会为时已晚，因此，必须

---

[1] 杰弗里·蒂尔. 21世纪海权[M]. 田伟，刘晓天，王文婷，译. 北京：海潮出版社，2016：58-72.

通过形势的研判提前做好周全的准备。

四、和合观念

中国传统伦理品质中的一些东西放在今天仍然十分重要。[1] 中华文化具有爱好和平与合作的情结，对和与合的推崇随处可见。关于和平，中国古书典籍中经常记载"和为贵"或"协和万邦"，[2] 说的就是应该赋予和平以首要的价值，将之放在最重要的位置，各国之间应该共创和平的状态。和平是发展的起始，如果世界处于一团乱象，或者因为矛盾无法调和而发生失控的场景，发展将化为泡影，而发展是解决一切问题的关键，如果发展无法实现，很多问题将成为无法破解的死结。关于合作，中国谚语历来强调"一个好汉三个帮，一个篱笆三个桩"，是指个人的力量是薄弱的，需要在他人的帮衬之下才能成事，没有合作，即使获得了发展也是短暂的曙光乍现，要获得持久的发展必须发扬合作的精神。

个人的发展需要和平与合作。每个人的禀赋各有不同，不能用同一个标准衡量人的能力，应该具有识人的能力，让他们发挥合力去做成一件不能单独胜任的事情，在整合资源的过程中应该充分发挥和平和合作的精神。和指人际关系的和谐，从与邻为善到"有朋自远方来，不亦乐乎"，不管是近邻还是远亲都是亲善待之的对象，融洽的关系让人感觉如沐春风，友好和善的微笑起到了"赠人玫瑰，手留余香"的功效。人际关系和谐了，人的发展前景也变得明朗和美好起来，遇到困难的时候有人帮扶和无人理睬是大相径庭的局面，前者可以遇山开路，逢水架桥，后者则处处碰壁，心灰意冷，和不和气决定了完全不同的发展空间，可见"和气生财"自有它的道理。合作可以帮助促成和谐，因为合作使相关行为体因为解决特定问题

---

[1] 伯兰特·罗素. 中国问题 [M]. 秦悦, 译. 上海：学林出版社, 1996：154.
[2] 张立文. 尚和合的时代价值 [J]. 浙江学刊, 2015（5）：8.

走到了一起,在进行沟通的过程中明确了彼此的立场,协调了彼此的观点,在互相尊重的氛围中建立起了共同信任,促使关系越来越走向和谐。

社会的发展需要和平与合作。社会治理需要和平的环境和合作的氛围,利益相关方在和平的情境中愿意为了社会的发展贡献自己的智慧,同时在越来越和平的环境中感受社会治理带来的变化,更愿意继续通过合作的方式改善社会治理模式,实现更大范围和更长时间的和平与安定。社会是人人有责的社会,这意味着分工,分工是合作的前提,社会秩序是个体发挥合力通力合作带来的结果,如果各自为战、不讲合作,就无法看见秩序的生成,而缺少秩序作为黏合剂的社会将陷入崩溃的边缘,失序一旦在局部产生,便容易在多米诺骨牌效应的影响下四处蔓延,而当民众感受到失序危机的时候,社会将陷入更大程度的惊慌与不安,恶性循环将一发不可收拾。

五、善意观念

强调德治是天下情怀在治国实践中的体现,[1] 强调德就是强调善。中华传统文化崇尚善,善是对所有人的善,是大爱精神的必然要求,大善必然呼吁牺牲精神,所以中华文化倡导为了大局牺牲小我。大禹治水,三过家门而不入,就是为了实现治水的公益事业而放弃和家人团聚的机会,舍小家顾大家,暂时搁置个人的情感需求,全心全意地谋求实现民众的情感和物质需求。善是帮助他人实现利益,助力他人实现或增强自我认同感,帮助他人维持自我身份的延续,善待他人也将被他人回馈以善意,因此,传递善意是相向而行的过程。播撒善意是让自我身心都愉悦起来的过程,有利于让自我带着感恩的心情看待世界和对待他人,愿意付出行动推动社会的进

---

[1] 张自慧,闵明.中华民族的"天下"观与"天下情怀"[J].哲学分析,2020(5):105.

步和完善,所谓"赠人玫瑰,手留余香"说的就是这个道理。

善可以分为几个层次。第一,对他人的善。扶危济困是指在他人处于困境或危难之时伸出援助之手,让他人顺利渡过难关,后者越过险境之后将获得正常的发展,这种善是以尊重他人需求为前提的善,而并非从自我角度出发强行施加给他人的善。第二,对社会的善。社会有不完美之处,区域发展不平衡和治理体制不完善等问题制约着社会的长效发展,参与社会治理,人人有责,采取壁上观的态度对于社会发展是没有帮助的,只有积极行动起来发现和改善社会的缺陷,才能在社会的整体发展中实现个体的自我发展。第三,对自我的善。善待自我,是要求以宽容平和的眼光看待他人和自我的关系,看待自我和社会的关系,欣赏他人的优点,促使自我在和他人的互相鉴赏中不断得到完善,并在社会共同体中寻获发展的机遇。

六、诚信观念

重信守诺是中华民族的传统美德。讲究诚信为美,违背诚信将带来信用评级的降低,影响和他人的相处,并影响自己的职业发展,因为一旦被贴上失信者的标签,就会给自己的形象蒙上一层污垢。对于生意人而言,信誉就是生命,丧失信誉等于丧失了发展的生命线;对于政治家而言,信誉就是获取民众信任的根基,一旦丧失信誉,民众就会对其领导能力充满质疑;对于各行各业的从业者而言,信誉就是职场敲门砖,一旦丧失信誉就会被业内人士孤立。诚信至关重要,以至于失去信誉,须臾不能自强自立,互帮互助是自强自立的前提,脱离了团队氛围和众人帮助的孤军奋战将无法获得长远的发展。从日常习惯到政府宣传,从家庭教育和学校引导,从书本典籍到影视作品,我们不断地被教育要树立诚信观念,这是和他人建立共同信任的基础。共同信任是基于经验事实的理性判断,是共同情感的诉求,共同信任的缺失在于参与主体间互动的个体没有让对方意识到自我的诚信。

诚信意味着对公序良俗的遵守。习惯具有约束力,通过舆论监督发挥效力,违背习惯准则的言行通常会受到舆论的谴责,造成口碑下滑和形象破坏,而习惯作为经年累月形成的社会共识经受了实践的检验,具有强大的生命力。遵从习惯意味着从事众人普遍为之的一般行为,因此,这种行为不是突兀的,而是积极融入社会的,易于被社会广泛接受的。诚信意味着对法律规定的遵守。法律制度经过特定程序走入公众视野,通过强制力规范民众行为,违犯法律规定的行为将依法受到法律的惩罚,起到以儆效尤的作用,蔑视法律权威的行为意味着眼中没有底线和心中没有敬畏,与法律背道而驰的行为没有任何诚信可言。诚信还意味着信守诺言,如果违背了自己所做的承诺又不能举证不可抗力的存在,则无法避免因失信而遭遇信誉的降低。因此,衡量个体的诚信水平具有清晰可判的标准,不管衡量者为谁都可以得出同样的结论,这也说明了衡量标准的客观性,让失信者无可推卸地承担失信的责任。

道德和法律相互补充,共同推动国家治理的完善。德治和法治的有机统一,符合中国社会的传统、文化和现实,一方不能取代另一方的作用,双方互为补充和相得益彰,才能发挥整体功能的最大化。道德是人内心的戒律,虽然不依靠强制力发挥效力,但是人内心的道德戒律在促使人遵从道德规范方面发挥着巨大的作用,这是一种无须外界监督的力量。当然,人被教育成为具有高尚道德情操的人是因为人身处的世界充满了干扰因素,人的发展道路偏离自己预期轨道的现象屡见不鲜,人的思想道德防线一旦松懈则会在道德失范的泥坑中越陷越深,因此,只靠内心道德戒律或舆论压力的作用无法有效规范人的行为,法律的作用不可或缺,依法治国任重道远。依法治国是让法律全方位、全覆盖地在国家治理方面显现效能和发挥作用，是全过程和全周期树立法律的权威，这是时代进步的标志，是民心所向、大势所趋。全球化治理时代，中国在不断加强国际法治的本国表达。❶ 司法体制不断完善，法律从业人员的法律素养不断提高，民众参与依法治国的热情不断高涨，社会的公平和正义将在法律的不断完善中实现。

七、整体观念

思维的整体性是中国思想的突出优势。❷ 中国文化倡导整体观念，强调正确处理整体和局部的关系，应看到整体是局部的有机组成，局部是依赖于整体而存在的局部。我们常说整体大于局部，并不是从局部的机械相加视角而言的，而是说局部组成整体之后协同发挥效用，从而使整体功能大于局部功能。我们也常说不能忽视局部，没有局部也无法形成整体的状态，局部之间的关系处理不好也无法发挥整体的功能。简言之，局部和整体各自具有相对独立的地位，谁也不能替代谁，又互相依赖，谁也离不开谁。

整体观念包含三种基本认识。一是从整体着眼审视局部的功能。欲达到什么样的整体效果，就应该要求局部发挥相应的功能，局部之间是有分工的，就像人作为一个整体系统具有听觉、视觉、嗅觉等器官一样，这些器官各待其命、各司其职，各自在自己的岗位上履行自己的职责。一个单位是由很多部门组成的，包括后勤保障部门、内勤部门、人力资源管理部门、综合服务部门等，没有这些部门之间的明确分工和坚守岗位，整体的功能就无法发挥出来，整体追求的目标也难以实现。二是从局部的位置思考应该如何进行统筹配合，从而让整体发挥更大的功能。就像人长期伏案读书或长时间

---

❶ 何志鹏. 国际法治的中国表达 [J]. 中国社会科学，2015（10）：160.
❷ 赵汀阳. 天下体系：世界制度哲学导论 [M]. 北京：中国人民大学出版社，2011：6.

盯着电脑会感觉视觉疲劳,希望闭上眼睛听听舒缓的音乐一样,眼睛适当休息的时候就让耳朵发挥效能,从而使身体各个器官的协调配合处于平衡状态。三是应处理好局部之间的关系。局部也是相互联系的,不能脱离这种相互联系将他们视为互不相关的个体,否则便犯了"头痛医头、脚痛医脚"的错误。有的时候人感觉头疼,可能是因为牙疼牵动了头部神经引起的,有的时候人感到眼睛浑浊视线模糊,可能是因为血压升高引起的,不看到这些现象内在的关联就无法认识问题的本来面貌。

21世纪海上丝绸之路倡议蕴含了明显的整体观念。该倡议提出之后,各省、自治区和直辖市都在自觉思考如何从全局出发发挥自己的功能,让自己能够根据国家需要结合自身实际情况做出应有的贡献。响应全局号召,服从整体大局,是中华文化的传统,是对前辈先贤大局观念的继承。在服从全局利益的前提下找准自我定位和规划自我发展,是为官从政者应有的素质,也是各行各业应该培养的意识。21世纪海上丝绸之路倡议是各地区协同推进的结果,事实上各省、自治区和直辖市在古代海上丝绸之路的兴盛历程中发挥着不同的作用,[1]谱写了不同的史诗。拥有港口的省份具有参与海上丝绸之路建设的优势。[2] 如何深度挖掘它们的历史功绩,进而以古鉴今和超越过往,是个值得思考的问题。需要思考的很多,如何在立足特殊性的基础上发挥整体合力,打好配合战也是应该思考的问题。海南省是21世纪海上丝绸之路建设的排头兵和主力军,要发挥好这个功能应该完善港口建设,打造深水良港,建设港口产业园区。

---

[1] 林丽丽,谭铮. 广东潮州:中国海上丝绸之路的重要支点[EB/OL]. (2015-05-13)[2021-01-23]. 南方网.

[2] 同[1]。

八、礼仪文化

礼乐教化是人的理性不断完善的产物。[1] 礼仪是指人们在社会交往中的行为规范和交际艺术。[2] 中华文化崇尚礼仪，中国素来是礼仪之邦，中国人常常讲"礼多人不怪"，礼仪文化已经深入国人的骨髓，体现在国人生活的方方面面。民众通过礼仪传达信念、体现教养和表达尊重，对自我和对他者保持礼遇是礼仪文化的内在要求和外在体现。对礼仪的讲究渗透在家庭和学校教育之中，体现在各种场合，见之于大街小巷，违背礼仪要求的言行被视为粗俗野蛮，为人鄙夷，因为那与世人的期待不符合。礼是融入社会的通行证，是否讲究礼仪决定是否能给外界留下良好的第一印象，更是从事对外交流的必要条件。

对待自我应讲究礼，礼代表自重，不尊重自己的人不会得到他人的尊重。很多人把礼作为与他人打交道时的言行准则，这种理解实则是误解，没有看到礼是从礼貌对待自我开始的，对自我以礼相待才能让他人另眼相看。对待他人更应讲究礼，礼是热情好客的表现，让他人感到宾至如归、如沐春风。对外交流场合尤其应该以严格的礼仪标准要求从事接待工作的人员，迎来送往的全过程都要有规范的礼仪标准，从饮食到住宿都应充分考虑外宾的宗教信仰和文化习惯。

礼不是过分热情，应把握度的标准，避免过犹不及和惹人生厌，没有分寸感的人际交往或对外交往给人带来压迫感，甚至让人感觉没有任何私密的空间。舒适的礼仪氛围应该是提前理解对方的需求，尽量予以满足，关于行程安排的内容，尤其是细节，应及时告知和温馨提示，但不能干涉对方的私人空间，更不能随意打听别人的私

---

[1] 梁漱溟. 中国文化要义［M］. 上海：上海人民出版社，2003：128－129.
[2] 杨丽. 商务礼仪与职业形象［M］. 大连：大连理工大学出版社，2011：3.

事，犯下窥探隐私的忌讳。公私之间的界限应分明，不同文化传统关于公私有不同定义，不能跨越公事界限对属于私人领域的事务进行干涉。应明确不同文化对于公私的界限，避免用一种文化的礼仪标准衡量另一文化传统教化之下行为体的言行是否适宜得体。因此，适当的距离感也是礼仪要求，即表示亲切又不逾矩是保持舒适感的前提条件。

保持适当距离并不意味着在礼貌中保持疏远，发自内心的礼和浮于表面的礼有着天壤之别，前者源于对礼仪规范的认同和内化，后者则源于现实环境下做出的务实判断。如果礼不是发自内心的，则不会带着同情心对处于困难境地的他人表示关爱，反之，则会适时伸出援助之手给予及时帮助。与外宾交往过程中，尤其应该考虑对方因为水土不服、环境不适出现的身体不适状况，对此应认真观察、仔细聆听，做好应对不时之需的准备，让对方感受到自己真正受重视，而不是因完成公务而敷衍应对。

礼仪的严格要求体现在时间维度，即要求持久践行礼仪规范。只有长时间坚持按照礼仪规范的要求约束自己的行为，才能真正理解并认同这种规范，在无须任何外界监督的情况下，自觉践行这种规范。如果只是间歇性地按照礼仪要求行事，就不可避免地带着功利性的心态看待礼仪规范，认为它有用的时候就用，认为它无用的时候则弃之，时间变量不会改变这种心态。习惯是在日积月累的坚持中养成的，良好的礼仪习惯同样如此，偶然性或间歇性地应用礼仪规范不会催生习惯的生成，礼仪习惯具有改变人的内在素质和外在气质的功能，功利性适用礼仪规范的行为不具备这种功能。

礼仪规范要求一视同仁，将人看为平等的众生，而不以官阶等级对人采取区别对待的态度。礼仪是发自内心的真诚和亲善，伪装起来的礼仪只是装饰的外衣，与内心的修养和情感无关。礼仪是规范人际关系和维系人际间情感的纽带，伪装的礼仪无法达到这种效能，反而会在伪装的外表被识破之后带来人际间关系的疏远，对外交流场合尤其反感虚伪的礼仪。伪善是忌讳，谎言易于被拆穿，是否真诚礼貌待人带来的局面会大相径庭，任何人都不希望自己被伪装的礼貌外衣恭维，消除伪善的关键在于树立平等的意识。真正认识到人与人之间的平等，将自我和他人视为平等的个体，才能在待人处世时保持不卑不亢的态度，有礼有节地待人接物，不妄自菲薄，也不居高临下，不过高或过低地评价他人。

第二节 挖掘21世纪海上丝绸之路倡议的文化元素

国家拥有实力可以为人民带来安定和富足，组织拥有实力可以具备实现组织目标的能力，个体拥有实力可以在所处领域获取声誉。实力可以带给他人以影响。国家拥有实力，可以影响其他国家，令其艳羡她的成功，认同她的规范，对她的经验加以模仿。组织的影响力在于对组织以外个体的感召力，吸引越来越多的人加入，也吸引其他的组织前来取经学习，久而久之，组织便在业界拥有了美誉度，这是活的名片。个体的实力转化为影响力，就是带动其他的个体共同践行，催生规范，让规范成为被普遍内化的公共习惯。

实力有硬实力和软实力的区别。[1] 硬实力通常指拳头，比硬实力就是比谁的拳头硬，打不过别人就是拳脚功夫不如人，那是实打实的比赛，看得见、摸得着，胜者为王、败者为寇。软实力比文化和话语，看谁的素质高，看谁更有内涵，看谁更有文化底蕴，看谁的规范更有说服力和规劝力。比软实力就是比谁更有感召力，能让他

---

[1] 王淑芳，葛岳静，曹原，等. 中国周边地缘影响力的建模与测算：以南亚为例[J]. 地理科学进展，2014（6）：738－740.

心甘情愿跟随,而不是在重拳攻击之下臣服。除硬实力和软实力外,还有一个词语是巧实力,就是以灵活的方式将硬实力和软实力结合起来,交替运用两种权力方式,看用哪一种方式更好地实现自己的目的。

21世纪海上丝绸之路倡议具有软实力元素。它提倡的宽容、理性、和平、合作、和谐等精神具有强大的感召力,并已经被实践证明。2016年11月,教育部在签署的"'一带一路'教育行动国际合作备忘录"中提出,要立足"一带一路"倡议高度,充分发挥教育为倡议的实施提供人才培养和智力支持的作用,增强国家的软实力。[1] 在挖掘21世纪海上丝绸之路倡议软实力元素的同时,应注重把握以下七个方面。

一、注重传统文化和当代文化的结合

应理性对待传统文化,承认其精髓在当代社会的价值,尤其在物质利益成为市场经济驱动力的时代,传统文化倡导的公平正义精神值得提倡。对待传统文化不能一棍子打死,但是要认清其中不符合现代精神的糟粕,果断地将其抛弃。只有加强对传统文化的学习,才能重拾文化殿堂中的瑰宝,增加对中华传统文明的认同感,在国际社会中从事国际交往时才能增加作为炎黄子孙的自信心和自豪感。中华文化自诞生以来,影响深远,吸引他国前来学习,这一壮举广为流传,毫不夸张地说,整个东亚社会都处在中华文化的辐射和影响之下。

文化随着集体记忆代代流传,因此文化具有自洽性。文化符号不断传承,保证了文化具有强大的生命力,但是毋庸置疑,有些文化瑰宝在历史的演变中被丢掉了,成为无法修复的遗憾,也有一些

---

[1] 教育部与六省(区)签署"一带一路"教育行动国际合作备忘录[EB/OL].(2016-11-22)[2016-12-30].中华人民共和国教育部网站.

生活方式在现代社会由于忙碌的生活节奏被忘却了，成为无法弥补的缺失。笔者小时候，生活在独门独户的院落中，四邻和睦且经常走动，家家户户飘荡的邻里之间的交谈成为孩提记忆中最温馨的回味，随着家庭住址的不断变化，不断更换的邻居并没有带来邻里关系的疏远。而今，座座高楼平地起，独户独院已经成了奢侈品，在城市拥有单元房已经成了很多人奋斗一辈子都无法满足的梦想，随着现代人生活、工作节奏的加快，邻里间相见不相识也成了常见现象，很多从农村随子女迁至城市的老年人对此并不适应，他们还是更为熟悉和老乡们交谈的场景。随着邻里间亲情一同丢失的，还有我们对传统文化的追寻与依恋，伴随电视、网络等流行文化的普及，翻阅词典、写封家书或以诗会友、以文传情已成为过去时，时下年轻人对这种过去的生活方式并不推崇。

呼吁传统文化的回归，在继承中发展，在发展中超越以及寻求传统文化和当代文化的平衡，已经成为立于新时代具有新气派的当代中国的务实选择。中国中央电视台制作的《诗词大会》节目一经播出就广受欢迎，很大程度上在于它选择致敬经典，带领观众重温让人情感产生强烈共鸣的名篇佳句。当这些熟悉的经典篇章从不同朗诵者的口中诵出，古今之间的阻隔已不复存在，古人存在的时空似已重现，牵扯着今人澎湃的情感。知识总是在反复失去中被重新拾起，忘却的记忆可以重新被激活，文化的传承是依赖集体共同完成的事业。21世纪海上丝绸之路倡议以明确的方式号召深化古代海上丝绸之路精神，传承中华优秀传统文化。

二、加强文化沟通与互相鉴赏

应倡导21世纪海上丝绸之路倡议的和平性质。[1] 倡议涵盖文明

---

[1] 何军明. 福建参与海上丝路建设的挑战与对策［J］. 开放导报，2015（2）：65.

众多，应加强文明之间的对话。❶ 文化有强大的力量，文化带有本土的痕迹，不同的文化有其不同的植根土壤和发展的环境，不同的文化有不同的崇拜和情感寄托。文化本身没有优劣之分，不应被人为地贴上高低贵贱的标签，经济发展程度不是衡量一种文化发达繁荣与否的象征。文化本身也并不是冲突的，认为文化冲突的观点是人为地给文化打上了政治烙印，犯下了将文化和利益混为一谈的错误。冷战结束之后，有一种论调颇为盛行，甚至在特定的环境下很有市场，该论调认为文明之间的冲突将取代意识形态之间的冲突，成为国家冲突的主要原因。但是，这种论调完全经不起推敲，持这种论调的人列举出来的一些事例，都是误将文化差异作为自变量而冲突作为因变量的事例，看似睿智实则荒谬，从根本上犯下了张冠李戴的错误。认清这种谎言，才能确信文明之间是可以和谐共处的。

对于有宗教信仰的人来说，世界和平是他们期盼的，这一点和中国的儒家文明有共通之处。儒家文明制定了一套礼仪规则，教导人向善，形成社会安定、万众安心的持久秩序，同时兼顾了个体的差异性和众生的共同性。文化之间有对话的空间，从其载体，即经典中可以看出，文化的育人力量不是通过耳提面命式的教育实现的，空洞的说教没有任何意义，而是通过生活中随处可见的小故事达到教育的目的。各国文化经典都是讲故事的高手，故事源于生活，故事就发生在民众身边，故事最大限度地普及了规范，因此，最能以灵活生动的方式被民众认可和接受。文明之间的对话是倡导真善美价值观念之间的对话，因此，文化超越了语言和时空的阻隔，任何所谓的阻力都是不堪一击、不值一提的。中国的电视剧在国外观众中颇为流行,❷ 就是不同文明之间和谐交流的见证。

---

❶ 黄茂兴，贾学凯．"21世纪海上丝绸之路"的空间范围、战略特征与发展愿景 [J]．东南学术，2015 (4)：76.

❷ 梁悦悦．中国电视剧在泰国：现状与探讨 [J]．电视研究，2003 (1)：75.

西方人奉行自由，自由也不是绝对和不受限制的，行使和追求自由须以尊重他者获取自由的权利为前提，否则纯粹的自由是令人鄙夷的。中国人讲究孝道，孝是中国道德规范的制高点，有一首歌叫《常回家看看》就是呼吁为人子女者不管工作多忙碌，都要尽到自己的本分，更不要以工作繁忙为理由疏于恪守子女的孝道。中国还有一句名言"子欲孝而亲不待"，形象地描述了子女欲尽孝道而父母已亡故的悲伤和无奈，所以，尽孝须尽早是中国人普遍恪守的规范。关于孝，中国人极为认同并内化于心，但是其他文化群体并没有刻骨的理解或参悟，这种差异无谓对错，无关是非，其根源在于孝道诞生的中国情境。出于文明之间的共性，留学生对留学国家的文化能够做到发自内心的理解。❶

在倡导各种文化和谐共生的当下，应警惕所谓普世道德观念的输出。道德规范和法律规范同属于规范范畴，道德没有强制力作为手段进行推广，而法律依赖国家机器作为推行的手段。道德的存在是文化使然，不同的文化信奉不同的道德规范，不同的道德规范稳定了特定文化群体的秩序并且延续了群体身份，但是，普世道德是不存在的，那是变相的文明优劣论，是犯了"文化沙文主义"的错误。文化再一次成了利益冲突的牺牲品。冲突的是利益而不是文化，文化是温和无害的，伪善不是文化的象征。21世纪海上丝绸之路倡议预示着中国对外开放的大门不会关闭，只会越开越大，由此可以想象，中国将加快和外界接触的步伐，国人也将有更多的机会喜迎八方来客。国际交往的增多意味着文化交流的增多，文化互鉴是好事，但要防止文化互害。

2008年北京奥运会给世人留下了非常深刻的印象，且不说开幕式晚会让世界徜徉在中华文化奔腾不息的历史长河中，让世界看到

---

❶ 蔡明宏. 他者镜像与自我形象：东南亚留学生对闽文化的体认与反哺[J]. 汉语学报，2016（3）：76-79.

璀璨夺目的中华文明，中国还为世人留下了很多感人的瞬间。志愿者们无私奉献、挥洒汗水，充分了展示国人热情好客的风采，为奥运会的胜利召开做出了巨大的贡献。奥运会会歌《北京欢迎你》朗朗上口，唱出了亿万国人的心声，尤其是"我家大门常打开，开放怀抱等你"道尽了国人对世界人民的情谊，千言万语尽在不言中，到访北京的游客或参赛的运动员都对中国作为泱泱大国展现出来的诚信和友善铭记在心。这都是文化交流带来的利好，但并不意味着文化交流没有被非文化因素施加负面影响的空间。

随着对外开放的步伐越来越坚定，开放的程度越来越高，不可预期的形形色色的思潮也随之涌入国内，它们打着所谓道德或文明的幌子，意欲实现某些不可告人的目的。这些不法之徒善于抓住人性的弱点，利用一切可乘之机发挥不良影响，在社会上散布不实谎言和不良论调，给社会带来了不稳定因素。应有识别、评估和检测风险的能力，将包装为文化的有害品或国外文化的糟粕拒之门外，不给它们任何生长的空间，将其毒害扼杀在萌芽状态。

三、应以科学技术手段为武器，为文化的发展提供动力

善于利用技术为自己服务，能将技术带来的利好发扬到最大限度。对于技术的进步视而不见，或在日新月异发展的技术面前故步自封，都不是应对技术的合理态度。作为新时代的年轻人，应有利用广为普及的技术的能力。现今社会，通过手机客户端、公众号或App进行文化学习的现象比比皆是，这是技术发展给人们生活带来的显著变化，专门从事文化产业的业内人士对于技术的应用更是行家里手。文化教化发挥成效的原因在于教化的内容具有极高的价值，而其发挥成效的程度可以经由技术加以改变。大型的文化展览如果应用了现代技术手段，光影汇聚中让人感受似水流年，场景交错中体现岁月变迁，虚实结合地为浏览者带来非同一般的视觉享受，则

将成为技术和文化结合得很好的典范。

文化携手技术，将使二者的发展相得益彰。技术融入文化是不争的事实，抓不住时代潮流的人无法成为勇立潮头的弄潮儿，青年才俊更应当仁不让。他们吸收新鲜事物强，掌握技术能力突出，如果开启文化兴趣之门，将运用超强的动手能力紧抓一切文化学习的时机。引导年轻人树立正确的价值观，让他们的技术能力和文化学习予以恰当地结合，以他们为受众开发融入技术手段的影视作品，将使中华优秀传统文化在青年一代生根、发芽、开花、结果。同时，年轻人更愿意走出国门，也更愿意敞开心扉和外界进行交流，当他们遭遇文化骗子时，更容易掉入其精心编织的文化陷阱，鉴于此，更应该运用现代技术手段进行精准识别，揭开骗子的伪装标签，让文化交流回归正确的轨道。

四、发挥不同主体的作用

心往一处使才能干成事，谋事创业之根本在于心要齐，只要发挥不同群体的功能，整合其功效，实现21世纪海上丝绸之路倡议的梦想并不是遥远的事情。在各种主体之中，民众的作用特别重要，所谓真正的力量蕴含于民间之中。民是活生生的文化名片，他们的言行带有鲜明的文化标签，自带吸引力，文化的张力在活名片的介绍下充满了生机与活力。

笔者曾赴芬兰赫尔辛基市考察公路事业，在那里听到过令人记忆深刻的酒店管理讲座。芬兰地处北欧，是典型的昼长夜短气候，严寒天气居多，芬兰人民勇敢热情、敢于探险、充满激情。他们喜欢壁炉，家家户户都拥有壁炉，他们在严寒的季节中享受室内的温暖，在温暖的氛围中喜欢蒸桑拿，热气把毛孔中的寒气蒸发出来，驱散了积攒于体内的阴冷湿气，人的身心得到了舒缓，就像疲惫的鸟儿找到了归巢。但是，北欧民族的性格让他们不满足于温暖的守候,在热腾腾的环境中长留并非他们所愿,受够了热气之后他们选择一头扎进冬日刺骨寒冷的水中,享受冷热交替带来的快感,周而复始,乐此不疲。和笔者同去考察的都是来自海南省的久居人士,对于这种充满新奇与矛盾趣味的习惯倍感好奇,但是他们自己缺乏勇气尝试,更谈不上乐趣。听闻这种习惯近十年以来,笔者从未在蒸桑拿之后跳入水中,虽然亚热带地域冬季的水并不寒冷,未做这种尝试一是出于没有勇气,二是出于文化或习惯使然。不接触不同文化群体的人,似乎想当然地以为所有的群体都和自己拥有同样的习惯,时间久了难免陷入自我中心论,以至对外界缺乏基本的了解,久而久之便成了新鲜事物的绝缘体。

笔者也曾经为印度一个家庭做过中文老师,深知个体作为文化使者的重要性。我向他们展示了中国人的热情好客,一家人把我视为亲密无间的朋友,时常相约谈心散步。印度的民族服装——纱丽非常美丽,印度女孩子到了一定年龄就在传统节日穿上纱丽,传统意味非常浓厚。我也时常受邀品尝印度的传统美食,北京有几家印度菜馆。人都是有共同点的,从小培养起来的口味不会轻易改变,不管漂泊到哪里,还是念念不忘记忆中的味道。笔者结交的尼日利亚留学生朋友也是如此,在北京留学期间经常烹饪极具传统味道的菜肴。饮食文化是典型的文化现象,透过饮食日常可以管窥文化元素。而每个人都是浸润其中的文化代言人,不知不觉间已经传递了重要的文化讯息。

公共外交是以民众为外交的对象,而大众外交则是以民众为外交的主体,两个概念从不同侧面揭示了民众对于外交的意义。笔者曾经参加央视著名的访谈节目《小崔说事》,曾经亲口问过现场接受访谈的外交官代表一个问题:"小时候心怀外交梦,但是长大之后并没有从事外交官这个职业,那么应该通过什么其他渠道实现自己外交官的梦想。"得到的答案让我很受启发:"外交是一个非常广泛的概念，各行各业都可以践行大外交的理念，而不用受到职业的束缚，不是外交官，仍然可以参加外事活动，展现文化素养，身体力行做文明交流的使者。"中国人到境外旅游的热潮越来越高涨，越来越多的境外游客也选择到中国旅游、置业或发展，民众之间的交往成为普遍现象，和外国游客或友人共事或沟通是发生在身边的常事，所以跨国界交往已经成为常态，再也不能称之为遥远的事情。既然如此，就要做好思想和行动上的准备，担当好文化使者。

五、构建不同机制

机制是原则、规范、规则和程序的结合。中国应为21世纪海上丝绸之路建设提供有效的制度机制。原则是底线，体现了价值目标，是万丈高楼平地起的牢固根基。规范是行为的标准，是身份认同的参照，规范的认同和内化意味着身份的生成或转移。规则是具体的行为细则，意即允许或禁止何种行为的具体规定。如讲究卫生是规范，但勤洗手和勤拖地就是规则。规范是抽象的标准，规则则是具体的细则，规范成为规则是高水平制度的典型特征。没有程序正义难以达成实体正义，程序不仅指形式，还预示着公平的开端，是通往正义的正途。

构建青年精英群体常态化互访机制。青年是祖国的希望，青年强则国强，青年担负着民族复兴的重要使命。青年的价值观还未完全定型，世界对他们而言是新奇的，他们有着强烈的走出去看一看的愿望。面对他们这种几欲喷薄而出的热情，只有加以引导才能保障这种热情成为爱国的力量，只有让他们担负起文化交流的重任，潜存的爱国热情才能经受住现实的考验。在异国他乡开启访问之旅，朝气蓬勃的青年群体能清醒地感受到祖国强大带给他们的底气，能清晰地感受到自己耳濡目染的文化习性展现出来的礼仪与从容，能明确地感知到民族的团结与统一对于国家安定繁荣的意义，能深刻地体会到打击极端和分裂势力是各国面临的共同任务。常态化机制让不同国家之间的青年群体从青少年时代就培养出亲密感，他们共同成长，见证彼此的发展，进行着跨越国界的交流，及时掌握新信息，呼吸着同一片蓝天之下的空气，明晰自身发展环境需改善之处，让自己的发展道路有更为清晰的规划，在成长的道路上步伐变得更为坚定。

笔者上大学期间，曾经目睹到访青岛的新加坡大学生的风采。他们文质彬彬、温和有礼，是百里挑一的代表，是行走的文化名片，让人感觉到像是大海彼岸吹来一股新鲜的风，文化交流让人感觉到振奋，双方迫不及待把最好的一面展示给对方，无形中就提高了对自己的要求，也从对方身上见证了美好。互相感知和赠予的美好是青年时期独有的芬芳，它是涉世之初的一种引领和回忆，每每想起就感受到满满的正能量和向上的气息，历久弥香而且无可替代。

六、建立21世纪海上丝绸之路博物馆和展览馆

21世纪海上丝绸之路文明源远流长、经久不息，在不同时期有不同的表现方式，不管岁月如何变迁，国家之间的交往和友谊通过丝绸之路得以建立、维系和传承。泰国"三宝港"和印度尼西亚爪哇岛的"三宝垄"，表达了当地人民对郑和船队的友好情谊。[1] 人从未停止改善客观世界的探索，人的发明和创造承载着精神寄托和情感追求。从风餐露宿到房屋建造，人掌握了建造家园的本领，背后折射的是对安居乐业的美好生活的向往，希望从此过上安稳的生活，寻找供人休憩安居的环境。各种提高人生活质量的居家物品也在诉说着人对家的期待和向往，以不同方式满足了人对于家的需求，人通过劳动改变了环境，环境的不断改善日益满足了人不断增长的精

---

[1] 纪念伟大航海家郑和下西洋580周年筹备委员会，中国航海史研究会. 郑和研究资料选编 [C]. 北京：人民交通出版社，1985：420-421.

神和物质需求。人是改造世界的主体，人也受益于改造之后的世界。船舶建造技术的发明和完善，使人得以距离周游世界的海洋梦越来越近，满载贸易货品的船舶和见证海上贸易之光辉，繁荣的海港见证了人类历史的辉煌，这些历史瞬间在当代得到具体呈现。21世纪海上丝绸之路倡议为古代丝路精神的回归提供了机遇，让以现代技术手段和现代人喜闻乐见的方式再现古代丝路的成就成为可能和必需。

应对古代海上丝路的文物进行展览。因为认识不到位，海上丝路的历史价值未被充分挖掘。[1] 造船的工具和材料、渔民的渔具和衣衫、港口码头建造的石材等，无不见证了岁月的变迁和激荡的风云。考古发掘和历史文献见证了古代丝绸之路的繁荣，[2] 也为丝绸之路的历史提供了重要的实证资料。[3] 以南京市为代表的丝绸之路出口地可以作为展览的对象，[4] 造船工具和材料也可作为展览的对象。[5] 战国时期齐式铜鼎流落到朝鲜，[6] 日本曾挖掘出中国早期的纺织品。[7] 很多丝绸之路的遗址成为文物保护单位。[8] 应重视图文并茂的解说，在光影交织中感受历史和现实的汇合，让观者切实感受到仿佛有时空穿梭机将历史带回了现实，深刻体验到过往的弥足珍贵和当下的来

---

[1] 郑君雷，张晓斌. 广东海上丝绸之路史迹中的"航线遗存"：边疆考古学与民族史续集 [M]. 北京：科学出版社，2016：78-80.
[2] 华国荣，王志高，邵磊. 江宁织造府、局遗址考古发掘记 [J]. 钟山风雨，2003（4）：10.
[3] 何国卫. "南海一号"与"海上丝绸之路" [J]. 中国船检，2019（10）：113-115.
[4] 范金民. 衣被天下：明清江南丝绸史研究 [M]. 南京：江苏人民出版社，2015：318.
[5] 华国容. 南京明代宝船厂遗址六作塘考古发掘纪要 [J]. 江苏地方志，2005（3）：8.
[6] 李慧竹. 汉代以前山东与朝鲜半岛南部交往 [J]. 北方文物，2004（1）：18.
[7] 李英森，等. 齐国经济史 [M]. 济南：齐鲁书社，1997：566.
[8] 张晓斌，郑君雷. 广东海上丝绸之路史迹的类型及其文化遗产价值 [J]. 文化遗产，2019（3）：143.

之不易，强烈认知到横贯古今、无处不在的精神力量。应注重提炼丝路精神的内涵，通过访谈整理得到亲历者和当事人的感受，以事说理，以平时生动的语言代替机械枯燥的说教，避免长篇累牍，让最深刻的道理以最简单的方式直抵观者内心深处。

应在博物馆建造的过程中进行充分的社会动员，从而使珍藏在民间以及轻易不示人和不曝光的珍稀物品被捐献出来，得以让更多的人欣赏和赞叹，让这些见证了历史沉淀和大海沉浮的文物回到社会的大舞台。历史是由无数片段构建而成的，将这些片段进行忠实的还原是考验耐心和毅力的时刻，也是动员民众进行最广泛参与的时刻，找到记述这些片段的物件是烦琐艰巨的任务。

应对21世纪海上丝绸之路的未来进行展望。海上合作带来了示范效应，促进了其他事业的共同发展和共同繁荣，带来了民心之间的互相联结和顺畅沟通，使共同谋划未来成为努力的方向。未来是通过当下得以铺就的，没有脚踏实地的埋头苦干就无法换来未来的安稳幸福，未来不是空中楼阁，现实是通往未来的路径和阶梯。关于未来，应在不同行为体的理解之中求得最大公约数，让关于未来的勾勒和描绘体现出共同的心声，让关于未来的设计和规划充满人文关怀，让关于未来的奋斗和努力因人的无限参与而富有意义。毋庸置疑，未来是人类共同的未来，需要依靠共同的努力来造就，在共同事业的奋斗历程中，合作将成为坚守的共识、坚持的理念和坚定的习惯。

七、培育核心价值观

共同价值观对国家而言至关重要。[1] 社会主义核心价值观的培育是需要持之以恒的事业。我们致力于建设的是物质繁荣富足、精神

---

[1] 郑维川. 论新加坡精神文明建设的基本经验[J]. 思想战线, 1996 (4): 4.

第二章 21世纪海上丝绸之路倡议的文化价值

充实幸福、人民充满收获感和愉悦感的国家,所有人都能在其中找到自己的位置和奋斗的空间,大家的努力在彼此的见证之下进行,奋斗的道路上充满了互帮互助的合作情怀,公平正义在最广大民众身边得到实现。这样理想的境界是大家共同奋斗的目标,是亿万人共同推进的事业,只有不分彼此、不计得失、齐心协力地奋斗,才能在不断实现梦想的道路上不停歇、不止步。社会主义核心价值观是总的开关,是不会枯竭的精神动力,是到达精神境界最高层级的叩门砖,是促使精神力量转化为物化成果的转化器,是应在民众之间不断宣传并使之内化的理念。

培育价值观应做到多措并举。应加大相关内容的宣讲力度,提升宣讲艺术,在宣讲的过程中辅之以生动鲜活的案例,注重宣讲语言在听众之间的流行度和普及度,在宣讲理念和宣讲效果之间寻求最佳平衡。应加强宣讲者自身关于社会主义核心价值观的理解程度,避免出现以其昏昏、使人昭昭的现象,让宣讲者自身争取做到耳聪目明,或者关于核心价值观的诵念达到准确明了,让宣讲者想方设法提升关于讲授理念的熟悉程度和理解能力。应不失时机地加强社会主义核心价值观的教育,强调教育的育人功能,打造多种活动载体,推出多元活动平台,推动整个社会养成注重和强化价值观教育的浓厚氛围,从大环境着手推动弘扬价值观的实效性,促使价值观在实践过程中越来越深入民众心里。应注重不同受众群体的需求,根据年龄结构、需求层次等指标合理设计宣传路径,对于老年群体侧重价值观宣传为其带来的舒适度和安全感,对于中年群体侧重价值观普及为其带来的幸福感和成就感,对于青少年群体侧重价值观教育为其带来的思想上的引领力量,对于幼儿群体则注重从幼儿阶段加强价值观的普及。

价值观的教育是精神层面的力量,精神力量是改造现实世界的强大动力。精神和物质的结合是世界的本来面貌,没有脱离精神的物质，也没有脱离物质的精神，二者互相补充，并丰富着现实世界的形式和内容。在强调创造物质财富的世界，如果忽视了精神力量的滋润，物欲横流的现实将使人退化为追名逐利的工具，而如果忽视了物质力量的激励，精神力量的作用也无法得到充分的发挥。现实世界是不完美的，实践之中还面临着很多问题，贫困饥饿、发展动能不足、创新缺乏等制约着人的长效发展，不完美的现实呼吁精神力量的驱动和引领，这种力量将超越物质利益的局限发挥着创造奇迹的效能。21世纪海上丝绸之路建设的进程中，尤其应呼吁价值观的教育。21世纪海上丝绸之路不是对古代丝路的简单复制和传承，而是在吸纳整合现代元素之后对极具时代特征的新精神的弘扬，可谓在延续古丝路精神的基础上又不断对其进行超越，展现出新的气派、风采和特色。社会主义核心价值观在充分考虑过去、现在和未来三种情境之后对于中国特色社会主义的价值观念进行了最为精准和科学的概括，是引领民众不断掀开社会主义建设事业新篇章的推动力。在中国特色社会主义事业进入新时代之后，强调社会主义核心价值观的教育在对外交往中的重要性是适时的也是必要的。

第三章 21世纪海上丝绸之路倡议的创新之处

21世纪海上丝绸之路倡议的创新意义深远而重大，值得研究。21世纪海上丝绸之路倡议带来了新鲜的空气，将文化的功能发挥到了极致，其创新示范效应体现在诸多方面，落实在诸多行为，由多元行为体共同推动。作为世界上最受欢迎的公共产品，21世纪海上丝绸之路倡议应继续彰显品牌效应，提倡人文关怀和规范意识，让合作在多领域、多层次、多平台上推进，从而促进共同发展目标的实现。

第一节 21世纪海上丝绸之路倡议的理念创新

创新首先在于理念的创新。制度从理念出发，才能逐渐落实到实践之中，不断改进完善，开出灿烂的实践之花。21世纪海上丝绸之路倡议倡导合作，尊崇共同发展理念，将关注的视角放在全人类的维度，其理念的创新性可见一斑。

一、21世纪海上丝绸之路倡议关注的是全人类的发展

21世纪海上丝绸之路倡议关注的视线并未投射于特定的国家、

地区或民众身上，而是将整个人类作为关切的对象。人类和人不一样。人类是整体，超越了国家的局限和文化的差异。风雨同舟是人类发展的写照。自古以来，人类经历了无数磨难，都是通过手挽手、肩并肩的方式依赖整体力量克服的，只有发挥整体合力才能达到攻无不克的目的。人是个体，人有共同性也有差异性，强调人的个体属性是满足其情感和物质需求的起点，看不到这一点就无法建立融洽的人际关系，也无法实现人民满意型政府这个目标。随着全球化趋势的发展，各国相互依存、相互联系的程度越来越深，人类生活在同一个地球村，通信更为发达，资讯更为便利，交往更加快捷。丝路项目为经济发展比较落后的地区带来了机会，❶改善了一些国家和地区不符合国际标准的基础设施，❷提高了这些国家和地区人民的福祉。

二、产生了品牌效应

品牌是一个立体的形象，生动鲜活。品牌想立起来，必须解决关键的前提，那就是品牌是什么，为何而立，因何而立。是什么显示了品牌的自身定位，它是什么领域的品牌。为何而立显示了品牌背后的问题意识，它为何而存在，通过什么找到了生存和发展的空间，致力于解决什么样的问题，揭示了品牌诞生的社会背景以及品牌创建者所要实现的社会抱负。因何而立揭示了品牌成功的秘诀，是品牌得以长盛不衰的原因。

品牌战略是观念传播的关键。21世纪海上丝绸之路倡议是官方倡议，是中国领导人对世界其他各国提出的倡议，其目标对象既是政府又是民众，还包括社会各界的行为体。21世纪海上丝绸之路倡

---

❶ 周楠. 试论中国与东盟海上反恐刑事合作机制的构建 [J]. 太平洋学报, 2018 (3): 95.

❷ 吴若男. 印尼港口建设的机遇、挑战与前景 [J]. 中国港口, 2017 (6): 59.

第三章 21世纪海上丝绸之路倡议的创新之处

议的受众是多元的、包容的,而不是单一的、排他的。21世纪海上丝绸之路倡议作为政府主导提供的没有边界的普惠性的公共产品,这一品牌战略已经深入人心。

品牌立起来了就是成功的一半,美好的前方已经在向我们招手。青岛是品牌之都,琳琅满目的品牌让游客目不暇接。青岛啤酒专注于满足人们的味觉,在碧海蓝天之下尽享悠闲惬意,这是酒类产品之中的品牌,青岛啤酒虽然不贵,但是代表的是品质和悠久的历史,青岛啤酒是一个响亮的品牌,选择青岛啤酒就意味着选择了同类产品中的佼佼者,消费者买得放心,用得安心,产品的口碑建立起来之后代代流传。消费者的口碑就是最好的广告。青岛啤酒成立的初衷是为了打造一款老百姓都消费得起的酒类产品,而且要口感上乘,顾客认可度高,因为它注重质量,注重顾客的满意度和味觉体验,经过用心打造终成业界翘楚。

法国的城市巴黎也是时尚之都,各种奢侈品品牌让人目不暇接,专注于从事化妆品或服装业的老牌企业注重挖掘、把握和引领女性的审美需求,维系了大批忠实的顾客粉丝,经过了历史的验证和承受了时代变迁的考验,尽显老品牌的风采和魅力。其中的奢侈品不仅包括极奢产品也包括轻奢产品,能够满足不同消费能力群体的需求,注重层次性和分类性,在品牌战略定位方面可谓下足了功夫。香奈儿作为服装、包类品牌,其极负盛名的经典翻盖包拥有众多的女性顾客,其创建者香奈儿女士致力于解放女性的双手,单肩包和斜挎包横空出世,女性终于可以解放了自己的双手。香奈儿包追求自由洒脱的精神在产品上得到了充分的体现,拥有大量追慕者。

企业的成功秘诀在于创建品牌和维持品牌,国家也要从整体上树立自己的品牌,这是商品经济的伟大功能。[1] 中国是发展中国家,

---

[1] 薛国中. 由农本而重商:封建社会的深刻经济危机 [J]. 武汉大学学报(人文科学版),1986(3):101.

是新兴经济体的代表，是经济实力发展迅速的世界第二大经济体，是讲究仁、义、礼、智、信的文明礼仪之邦，这都是打在走过了几千年浩瀚文明的中国身上的烙印，也是中国的品牌。当今中国在世界面前的话语和倡议，都可以溯源到中国的总体形象、历史和文化，都代表了中国的国家品牌，这是从整体上而言的，具体而言，21世纪海上丝绸之路倡议是公共产品品牌。

21世纪海上丝绸之路倡议让世界其他国家的政府感到欣喜，其提供的机遇是显而易见并且流光溢彩的，其孕育的和平内涵犹如雨后的清新空气，让各国民众感到欣喜。跨国界的交往将变得更加频繁，文化的交流和共同繁盛因此掀开了新篇章。它让社会组织感到欣喜，它们可以充分发挥专长，运用专业能力、公关技巧、人脉资源等多种渠道助推21世纪海上丝绸之路倡议的践行，作为桥梁和纽带打造四通八达的网络，让成功的经验得以推广的普及，让成功的效应不断外溢，让成功的奇迹铺天盖地。让企业感到欣喜，它们可以捕捉成功的良机，在收获物质利益的时候实现社会责任，一展社会抱负，带动更多就业，平衡物质效益和社会效益的关系，以质量为生命线的理念，让自己立于市场竞争中的不败之地。国家、个体或社会组织、企业，抑或是其他行为体，不管经济实力如何，发展程度如何，占有财富如何，都能在21世纪海上丝绸之路倡议中找到归属感，找到自己所处的位置和努力的方向。21世纪海上丝绸之路倡议的品牌是一种公共产品，受众对象多元，目标群体多元，包容性和开放性并举，在普及推广的过程中不断变得越来越好。

三、"五通"理念全面周到

产品外观是指观察到的产品的样子。所谓经验世界就是指观察到的世界，是直接经验和间接经验的结合。产品外观是沟通产品和世界的媒介，不通过外观没有办法领悟产品的内在。包装的重要性是不言而喻的。品牌创建时的日积月累，非一朝一夕的突击可以媲美，欲达到让品牌真正树立起来的目的，须拿出年复一年的韧劲和坐得住冷板凳的耐心。如果说树立品牌须下苦功夫，产品外观则须下巧功夫。

三亚作为旅游胜地，每年吸引着数量庞大的海外游客，大量国外游客的到来为这个城市增添了很多魅力，打响了这个城市的名号。三亚的旅游标语是"美丽三亚，浪漫天涯"，徜徉在三亚海边，信步游走、漫无目的，忘却尘世所有烦恼，当下的喧嚣被抛诸脑后，偷得浮生半日闲的潇洒是主基调。三亚是忘忧地，是休憩地，是尘世之僻静角落，是纷扰红尘中涤荡疲惫心灵之所。

印度是南亚文明古国，古老神秘，旅游业极为发达。到了印度之后，随处可见的是现代和传统文明的交汇聚集，随处听到的是各种方言在耳边交替响起。用印度人自己的话说，他们都不知道自己国家有多少种方言，也无从学起。话说，一年有365天，印度人366天都在过生日，形象地描绘出印度人喜欢热闹、热衷庆祝、热爱生活和生命的性格特点。印度国家旅游局为印度旅游打出来的标语是"不可思议的印度"，比较抓人眼球地说明了印度这个国家的特征，给希望去印度的旅游的潜在游客增添了吸引力，可以说从第一眼直觉起就实现了目标。

21世纪海上丝绸之路倡议鲜明地提出"五通"，"五通"的表达言简意赅、形象明了、便于记忆、便于翻译。笔者认为21世纪海上丝绸之路倡议的话语体现了几个衔接。一是体现了政府和社会的衔接。政府主导设置议程，社会积极响应号召，政府和社会共同发力，推动带来民生福祉的工程项目尽快落地、顺利建成，这是"双赢"的结果。政府收获了威信和声誉，社会收获了富足与安定。二是体现了当下和未来的衔接。未来是立足于当下的未来，当下是通向未来的当下，二者不是彼此孤立的，而是互相联结的。没有对当下的把握，便无法创造未来，没有对未来的深沉向往，便抓不住当下的机遇。21世纪海上丝绸之路倡议对当今世界的现状进行了深刻的剖析，深层次地把握了时代的特点，在此基础之上提出了对未来的规划和设计，可以说21世纪海上丝绸之路倡议的提出充分发扬了调查和研究的精神，调查得够深够广，研究得够深够透。三是体现了硬件和软件的衔接。设施和资金是硬件，没有设施就无法做到互联互通，就没有办法提高人员、物资往来的便利程度。没有资金，就没有办法保证基础设施的建设，没有办法保障大批工程项目的启动和竣工。软件是人的综合素质，是政府的决策体系，是民心的相互认同和相互理解，是推动硬件质量不断提升和实现效果的决定性因素。内需扩大带来出口增长，[1]中国和外界的经贸联系处于发展态势。政府加强沟通，则有助于政策的相互对接，形成政策间的良性互动，政策间能够相互对照、彼此呼应、衔接得当。民众加强沟通，则有利于增强对彼此的好感度和认同度，也能相应推动政府间的政策沟通。

四、提出了促进和谐的多元规范

规范是行为的标准，是验证一个行为是否合乎尺度的试金石，是判断行为是否适当的验证码。规范起源于文化，文化是春风化雨般的力量。在还没有来得及细细品味和仔细研读文化的内涵时，文化便以无所在和无所不在的方式滋润了心田。

21世纪海上丝绸之路倡议是无声细雨，带着轻盈跳跃的舞步，映入世人关注的视线，以清新脱俗的形式亮相，带着世人的重重惊喜，让世人啧啧称奇。它是中华文化精髓的体现，是中华传统价值观念在新时代的再造。它倡导和谐，认为差异和矛盾不是创造和谐

---

[1] 阚大学，吕连菊，吴晓东. 中国服务贸易本地市场效应研究：基于发达国家和发展中国家视角 [J]. 华中科技大学学报（社会科学版），2015（6）：83.

的阻力，相反，正是鉴于差异和不同的存在，和谐才显得格外珍贵和值得珍藏。矛盾是推动一切事物发展的内生动力，推动矛盾朝向正确的轨道加以解决是事物发展的客观规律，人只有顺从规律才能得到犒赏。矛盾和差异本身并不可怕，它是世界的常态，看不清或对矛盾和差异视而不见的态度应被批判和摒弃。21世纪海上丝路倡议承认矛盾和差异的存在，为改造客观世界做好了思想和行动上的准备。

21世纪海上丝绸之路倡议还体现了尊重的规范。国家之间是平等的，所有个体也都是平等的，平等性是国家行为体在交往时应该遵循的基本原则，也是个体行为体之间在交流时必须铭记的原则。包容互惠发展理念体现了尊重的规范。❶ 关于人和自然的关系，中国倡导绿色发展理念，❷ 主张发展尊重规律。凡事都是说起来容易而做起来难。尊重规范本应如利剑高悬，却偏偏经常被抛诸脑后，因此摩擦和分歧成了家常便饭。相互尊重的规范应成为处理任何关系时谨记的原则，如此才能让秩序归位，让和谐成为关系处理过程中的主流。

21世纪海上丝绸之路倡议还体现了改善的规范。完美是一个进程，没有完美的事物。世界不是一成不变的，应该用变化的眼光去看待世界，正所谓"以不变应万变"。不变是短暂的，变化是恒久的，不变是对于世界是永恒变化的这一规律的认识不变，而不是拒绝认识变化或在变化面前蒙住双眼。21世纪海上丝绸之路倡议认可世界的缺陷，不回避这个世界不完美的现实，在这个基础上心怀改善缺陷的目标，并朝向具体的改善目标迈进，有的放矢，有理有据，没有被缺陷打垮，而是朝向治理缺陷和不完美吹响了冲锋的号角。

---

❶ 中共中央宣传部. 习近平总书记系列重要讲话读本 [M]. 北京：学习出版社，人民出版社，2014：265.
❷ 习近平. 中国发展新起点 全球增长新蓝图：在二十国集团工商峰会开幕式上的主旨演讲 [N]. 人民日报，2016-09-04.

21世纪海上丝绸之路倡议还体现了团结的规范。不完美的世界里，很多困难是大家共同面对的，不是凭借一己之力就可以克服的，认为不需要帮助的观点实在是站不住脚的，盲目自大是前进路上的绊脚石。中国有一首妇孺皆知的歌谣，名为《团结就是力量》，说的就是团结是一种战胜困难的力量，可以带来单靠个人力量实现不了的效果。团结就是力量，通俗易懂，揭示了简单易懂的道理，描述了众志成城的画面。我们对众志成城这个词语怀有深厚的情感，小到拔河比赛大到施工建设都需要众志成城的精神和气概。如果一个队伍呈现出一盘散沙的状态，注定无法成为一支让人称颂的队伍；反之，如果所有人都有相同的目标为之奋斗，有相同的意志以不达目的决不罢休的干劲，拧成一股绳前行的状态就能实现。团结是应该时刻铭记的规范，在通向团结的道路上学会为了整体的利益而奋斗是必修的课程。

　　21世纪海上丝绸之路倡议体现了合作的规范。合作是为了实现共同的目标贡献自己的所有，或是技术，或是资金，或是聪明才智。合作强调分工，充分发挥比较优势，实现资源整合，而不是强调"一刀切"，要求行为体承担相同的任务和责任。合作讲究科学性和规划性，制订合作计划要科学，要凸显可行性，要关注时间节点，在不同的时期实现实实在在的阶段性目标，在实现分目标的基础上完成总目标。规划指做好蓝图，立足于现实又超越现实，激发起团队的士气与斗志持之以恒地朝目标进军。合作不关注相对收益，而关注绝对收益。两个人做生意，如果认为自己所得就是对方所失，那就是陷入了零和博弈的怪圈，一味沉浸其中就会丧失合作的机遇，合作双方就会一拍两散，分别去投奔其他的合作方，而在面临新的合作机遇时，零和博弈的思维又会跳出来作祟，最终再一次破坏合作的达成，如此一来，合作无法取得成功。因此，欲达成合作，须更新思维，克服零和博弈的困境，树立起非零和博弈的思维。21世纪海上丝绸之路倡议就是关注绝对收益，而不是时刻在意自己还是他人得到的多，就是促使合作思维成为惯性思维，就是倡导合作。

五、搭建了丰富多样的载体平台

21世纪海上丝绸之路倡议有不同层面的实现平台，可以统筹推进。官方层面上，"一带一路"高峰合作论坛是政府搭建的平台，汇聚多种声音，让建议和倾听成为合作的开端。各国面临共同的问题，如防治海洋环境污染，治理海平面上升，完善港口基础设施，保障航线安全等，这些问题影响面广，涉及的相关方多，需要凝聚的智慧也是多方面、多渠道的。面对涉及共同利益的问题，只有一个"合"字当头，才是解决问题的正途。各国在解决共同问题方面积累了不同的经验，积攒了不同的方法，可以供其他国家借鉴或者学习，取长补短才能看见自身的不足，加强借鉴才能少走弯路。

政党合作的平台也搭建起来，成为国际社会瞩目的交往方式。"一带一路"是一个面，其中布满无数点，每个点都是江海中的一滴水，不积点滴无以汇聚成江海。政党交流是"一带一路"宏伟蓝图下的一个支点，推动其带来的友好合作、团结进取氛围不断外溢。海南省建立了党际交流中心，日前举办了中国共产党和巴基斯坦人民阵线联盟的对话，笔者的同事在交流会上介绍了海南省在精准扶贫方面的经验。政党有清晰的奋斗目标，执政党以满足和实现国内民众的利益为己任，消灭贫穷和实现富裕是他们肩负的共同使命，加强沟通与借鉴是完成使命的有效路径。

社会组织可以搭建跨国或者聚焦于一国之内的合作平台，聚焦于特定领域的问题，采用头脑风暴的方式，把专业精英的意见集中起来，形成卓有见识和视角专一的智库建言，以崭新的视角和专业的学识为相关问题的解决找到新的出路。随着社会越来越发展，精英的力量越来越不容小觑，他们是这个时代的先行者，其视角敏锐，觉察力强，洞察力非同凡响，能及时捕捉常人容易忽视的关键细节，并进行及时的发问，引发广泛的关注。无论是海洋环境污染治理，还是海洋技术前沿问题，专业精英在引领社会关注、提升社会意识方面都能起到不可替代的作用。

企业也可搭建企业家交流平台，及时交换商机，为21世纪海上丝绸之路倡议的兴盛建言献策。21世纪海上丝绸之路倡议为很多产业带来机遇，如中国和沿线国家的农业经贸合作增加了，[1] 国内农产品能够更便捷地走向海外市场。

企业家是一个特殊的群体，具有常人不可企及的激情，愿意回馈社会发展，愿意通过自身的开拓进取服务政府决策。在21世纪海上丝绸之路倡议提出之初，企业家的激情便被激发出来，他们已经在思索如何将自己的事业版图和国家的宏图大业结合起来，将个人物质利益方面的追求和社会公共事业较好地结合起来。相关项目的投标不乏企业家忙碌的身影。他们愿意与时间赛跑，发扬只争朝夕的精神投身项目建设，为社会带来福祉。企业家围绕21世纪海上丝绸之路倡议搭建的平台，扩大了企业家的朋友圈、交际面，活络了他们的头脑，在新鲜血液和信息的刺激下，他们选择转换产业模式，从事新型业态，涉足新鲜领域，做出崭新尝试。

各种民间交流的平台也搭建起来。国内很多学者开始研究"一带一路"倡议对促进我国留学生教育快速发展的重要作用，[2] 开始研究该背景下国际人才的培养，[3] 高等教育如何进行相应改革。[4] 留

---

[1] 倪洪兴.我国重要农产品产需与进口战略平衡研究［J］.农业经济问题，2014（12）：19-22.

[2] 赵新，韦建刚."一带一路"视角下高校留学生教育发展对策探讨［J］.黑龙江高教研究，2018（6）：150-153.

[3] 陈海燕."一带一路"战略实施与新型国际化人才培养［J］.中国高教研究，2017（6）：52-58.

[4] 单春艳."一带一路"倡议下推进地方高等教育国际化的战略思考［J］.黑龙江高教研究，2019（4）：19-33.

学生互换项目是青年群体增进学识和增长见识的常见选择，他们为了让自己的青春增添色彩，或者学习人类文化宝库中的丰富财产，不远万里前往异国他乡开启身在异乡为异客的征程。笔者曾经受邀为到访海南省的东南亚青年精英代表团进行授课，讲授海洋文化方面的课程，在备课之余，笔者多有感慨，海洋隔开了你我，看似有边界，实则海洋本身是被各种地理屏障隔开了，海洋其实是没有边界的。海洋是距离，也是纽带，如果受制于海洋的客观限制，人往往陷入被动，不知道如何面对，如何走近远在海洋另一端的亲友；但是如果把海洋看作通途，则会对海洋产生无限好感，看似遥远的距离便不再遥远。

第二节 21世纪海上丝绸之路倡议的实践创新

在谈到21世纪海上丝绸之路倡议实践创新的时候，应坚持比较研究的视角，将之与其他合作倡议进行比较分析，方能更客观地总结出21世纪海上丝绸之路倡议的创新之处。同时，坚持历史研究的方法，从历史维度进行研究，总结分析中国在创建国际制度方面的进步和作为。

一、打破局限于贸易领域合作的惯例

国家之间的合作通常来说多聚焦于贸易领域，因为贸易是国家聚集比较优势、实现共赢局面的惯常现象，久而久之，国家习惯了这种经济领域的交往。贸易网络的拓展与深化是经济全球化和区域经济一体化的产物，随着全球化的推进，世人对贸易规则从陌生发展为熟悉，大量熟悉贸易业务的人不断涌现。21世纪海上丝绸之路倡议打破了聚焦于贸易领域合作的惯例，在这个倡议中，贸易只不

过是其中的一种合作形式，它的重要性不能取代其他领域合作的重要性，它的蓬勃发展不能代替其他领域合作的蓬勃发展，全方位、多层次、立体化地从官方到民间和从政府到社会的合作将全面铺开。

中国倡导的"一带一路"打破了国家间合作聚焦于贸易领域的惯例，倡导"五通"，"五通"是指贸易畅通、政策沟通、设施联通、资金融通、民心相通，各领域同步推进，显示了中国政府全面、综合的思维方式。"五通"相互联结、相互促进、缺一不可。没有政策方面的及时沟通，国家间的政策无法实现对话，一国发出的友善信号不能被另一方快速地接收并做出正向的反馈，便有可能使两个国家沟通顺畅。没有资金作为保障，大量项目的落地将成为一个难题，再美好的未来画卷也无法被描绘出来，人类对于美好生活的期待将成为镜花水月。没有设施连通，一国不同地区的均衡发展将成为泡影，国家之间的贸易畅通也无从谈起，可见设施是交通通信顺畅进行的基础保障。民心相通依赖不同国家和地区民众之间的交往，是政府层面合作的有力补充，增加了国家之间的相互理解，促进了它们的合作。

二、创建了广受欢迎的公共产品

21世纪海上丝绸之路倡议是公共产品，而且是开放性质的公共产品，其公共产品性质是通过市场驱动形成的，[1]即源于国际社会对它的需求和期待。天气预报是公共产品，旅游者身处国外或赴国外旅游之前，愿意通过各种途径了解到该国的天气预报信息，为自己的出行做好周全准备。这种天气预报信息一般是通过相关国家发布的，是在其国内发布的，但是由于全球化时代的通信便利设施带来的方便快捷，这种信息的接受并不局限在国内。21世纪海上丝绸之

---

[1] 胡键."一带一路"的国际公共产品功能与中国软实力的提升［J］.国外社会科学，2020（3）：15

路倡议作为公共产品,并不是在中国国内发布的,而是由习近平总书记出访印度尼西亚的时候发布的,本身就是针对外界发布的,是中国倡导推进国际合作促进共同发展的典型范例。中国愿意和各国合作为全球治理提供公共产品。❶

牧民社区的草坪对这一个社区而言是公共产品,它的使用者是有边界限制的,其他社区牧民饲养的牛羊如果到这一社区的草坪吃草,将损耗草源,导致该社区牧民饲养的牛羊没有充足的草吃,所以特定社区的草坪只供同一社区的牛羊使用。我们称类似于牧区草坪之类的公共产品是使用者有边界限制的公共产品。21世纪海上丝绸之路倡议是使用者没有边界限制的公共产品,由中国发出,在所有国家的推动之下逐步变成现实,其物化成果由所有国家的民众共同使用,并不会因为一个国家的民众使用而减损其他国家的使用效能。鉴于此,21世纪海上丝绸之路倡议在世界范围内广受欢迎促使该倡议不断开花结果。

集体安全是公共产品,其生产者和使用者都是有边界限制的。冷战时期的两个集体安全组织——北约和华约作为公共产品是由其成员国一起生产的,成员国是有限制的,即必须明确表达自己站在哪一边的立场,其使用者也局限在这些生产者。同样的逻辑,当今世界的安全同盟生产者和使用者也局限在当事国。与此完全不同的是,21世纪海上丝绸之路倡议的生产者和使用者都没有限制,生产者范围可以不断扩大,使用者范围也并不局限于生产者之中,即不是生产者的国家和生产者具有同等使用生产出来的公共产品的权利。贸易发达带来了物流的增加,❷ 物流规模不断扩大是贸易发展的保障,❸ 物流可以削

---

❶ 习近平. 习近平在"一带一路"国际合作高峰论坛开幕式上的演讲[N]. 人民日报, 2017-05-14.

❷ TONGZON J, NGUYEN H O. China's economic rise and its implications for logistics: the Australian case [J]. Transport Policy, 2009, 16 (5): 224-231.

❸ 王贵彬. 论国际贸易与现代物流发展[J]. 中国市场, 2007, 32: 20-21.

弱距离对出口贸易的阻碍。❶ 港口物流产业促进了国际贸易的发展,❷ 对外贸易和现代港口物流是相互促进的关系,❸ 港口是物流基础设施。❹ 港口吞吐量和进出口贸易额是正相关关系。❺ 港口基础设施是衡量港口绩效水平的指标。❻ 21 世纪海上丝绸之路建设了从亚洲到欧洲大陆之间的一系列海上通道和港口。港口合作包括促进港口物流产业的发展。❼ 港口是国家的私有财产,但是建成的港口可以供其他国家使用,参与港口建设的国家可以使用,不参与建设的其他国家也可以同等使用。❽

可见,21 世纪海上丝绸之路倡议作为公共产品具有五个特征。第一,利他主义色彩浓厚,倡导人文关怀。第二,生产者没有限制,没有为谁有权利参加公共产品的生产施加的任何门槛性限制,有志于促进共同发展的国家、地区、企业和社会团体都可以在其中找到自己的位置。第三,使用者没有边界限制,有没有为 21 世纪海上丝绸之路建设出资出力的国家都可以使用这项公共产品,并且推动其使用者的范围不断扩大,为世人带来更多的利好和提供更为广阔的

---

❶ 王爱虎,王梦瑶,贺裕雁."一带一路"背景下广东省物流水平对其出口贸易的影响:基于引力模型的实证研究[J]. 工业工程,2018(2):2.

❷ 陈茹佳. 上海港口物流与国际贸易发展的实证分析[J]. 中国集体经济,2010(1):124.

❸ 林青. 中国对外贸易与现代港口物流发展的互动效应研究:基于 VAR 模型的实证分析[J]. 哈尔滨商业大学学报(社会科学版),2011(3):37.

❹ BENSASSI S, MÁRQUEZ R B, MARTÍNEZ I, et al. Relationship between logistics infrastructure and trade: evidence from Spanish regional exports [J]. Transportation Research Part A: Policy and Practice, 2015 (2): 47-61.

❺ 杨林燕. 海上丝绸之路沿线港口物流对国际贸易的影响:基 15 个港口的面板数据分析[J]. 太原学院学报(社会科学版),2017(3):14.

❻ 唐中赋,顾培亮,任学锋. 我国港口物流发展的实证分析[J]. 商业经济与管理,2015(11):29-33.

❼ 赵旭,高苏红,王晓伟."21 世纪海上丝绸之路"倡议下的港口合作问题及对策[J]. 西安交通大学学报(社会科学版),2017(6):73.

❽ 蔡敏婕. 千名海内外人士将参加 2019 年世界港口大会[N]. 中国海洋报,2019-04-29.

发展前景。第四，生产者和使用者的范围并非等同，非生产者也可作为使用者，且其使用这项公共产品的权利是同等的。第五，使用者对于这项公共产品的使用不会影响其他使用者对于该产品的使用程度，所有使用者均无须担心其他使用者对同一产品的使用将损耗自己对该产品的使用效能。

合作是共赢的局面，是有利于双方的事情，利己和利他兼顾的合作才能长久。21世纪海上丝绸之路倡议带有明显的利他性，浓厚的利他主义色彩是中华文化的鲜明特征。中华文化倡导仁者爱人，主张仁义之士不仅爱己而且爱人，正所谓"老吾老以及人之老，幼吾幼以及人之幼"。其他国家的文化也提倡利他的精神，正是基于这一点，各种文化或文明就有了广阔的对话空间。虽然利他文化发挥了积极正面的影响，但现实中受到种种因素限制，利他并非总能在期待中实现，利他文化和利己观念不可避免地有所碰撞，利己主义观念确实有一定的存在空间，并且在特定的时机会被放大，影响利他主义情怀的发挥效能。合作需要发挥利他的精神，如果只利己而不利他，只想到自己而不想到他人，合作将成为独角戏。人是复杂矛盾的动物，并非只有一种决策，在面临多项选择的时候常常会不知何去何从，尤其在受到外界干扰时，本来应该做出利他及共赢的选择，却偏偏失去了理性能力，做出非理性的判断。笔者在此打算借用博弈的案例来说明行为体在利己主义驱使下做出的非理性决策。21世纪海上丝绸之路倡议以项目为载体，这些项目需要人力、精力、财力去完成，如果合作双方都有心存自己，只想坐享其成而让别人投入资源的想法，那么这种所谓的合作将很难维持下去，只有合作双方整合自己的资源并将之用到合适的地方，合作才能够持续开来。这不光是21世纪海上丝绸之路合作过程中遇到的问题，也是所有合作过程中遇到的问题。

自私自利的观念还体现在合作过程中的得失比较，即希求促成对方得到少而自己得到多的局面。这种观念习惯性地把合作成果当作一块蛋糕，认为合作伙伴吃到的蛋糕多则自己吃到的就一定少，而不去想应该如何把蛋糕做大，双方都能吃到更多的蛋糕。思维定式一旦形成则很难改变，它就像习惯一样左右着人的头脑，使人的思想不由自主地受到它的钳制，在做计划和付诸行动时陷入目光短浅、视角狭隘、斤斤计较的境地。这种观念和思维定式带来的局面就是：没有合作时想合作，合作一旦实现了又开始攀比谁得到的多、谁得到的少，发现自己得到少了就将自我视为失败的一方，遂开始心态不平衡，即使再合作下去也是矛盾不断，最终合作双方闹得不欢而散。更有甚者，将对方得到的看作自己失去的，对方得到的越多自己失去的就越多，而全然不管自己是不是也得到了，遂在比较获得的多少中丧失了判断力，忘记了合作的初心，在盲目的计算中丧失了合作的机遇，错失了自我发展的可能性。而真正值得推崇的合作态度是，看到潜在的合作空间，不计较一时一地的得失，也不把自己得到的相对多还是少看作唯一的衡量指标，在谋划未来中奋力和合作伙伴一起把蛋糕做得更大，让自己源源不断获得合作的机遇。

21世纪海上丝绸之路倡议作为没有边界限制的公共产品，其地理范围也是没有边界限制的。若要问21世纪海上丝绸之路的终点在哪里，没有一个固定的答案，这是一个开放性的问题。21世纪海上丝绸之路倡议的重要性不在于它从何处开始以及在何处结束，而在于它规划了合作之路，其合作领域是广泛的，合作空间是巨大的，合作诚意是真切的，合作理念是先进的，合作前景是广阔的。外空和海底是人类正在探索的领域，未来人类将在未知领域做出成绩，发现未知的世界需要人类共同努力，合作是必要的路径，21世纪海上丝绸之路倡议将不局限于海上。

三、弘扬了协商精神

虽然协商和谈判都强调对话，但二者存在明显的不同。谈判伴随着妥协，以追求白纸黑字的合同或协定为标志，以达成契约为归宿，以落实协议为监督管理自我和他人的手段，而协商则强调过程的开放性，让相关行为体保持互动和接触，让对话的大门一直维持敞开的状态，在特定问题上求同存异，而不强求非要达成类似合同或协议的契约式文件。非要追求某种结果，这种结果往往求而不得，用是否达成特定结果衡量成功或失败，会让人感到无形的压力，本来可以达成合作，却在不知不觉间偏离了正确的轨道，导致充满希望的合作契机白白溜走，让合作的潜在方空嗟叹合作终不可得。

协商体现了社会规范，具有道德属性，是看清世界特点之后做出的清晰判断。差异无处不在、无时不有，差异是常态和本来面貌，不认清这一点就无法理解差异对于人类的意义，也无法对自己的行为有准确的判断，要树立正确精准的判断力，必须尊重自己人生道路上遭遇的差异。同学之间是有差异的，有经验的家长一般都会告诫孩子不要进行盲目的攀比，孩子之间的天赋和勤奋程度各有不同，一刀切地要求孩子都具有参加数学比赛的能力或期待所有孩子都成为钢琴大师，注定碰壁，轻则伤害了孩子的自尊心，重则抹杀了孩子的主动性和创造力。同事之间是有差异的，有些性格外向，适合从事接待类的工作，有些性格内向，适合从事研发类的工作，只有知人善任把他们放在合适的岗位上，才能激发出他们干事创业的热情，让他们把满腔的情感都投入热火朝天的工作中去。企业之间是有差异的，有的企业专攻服务业打响了自己的金字招牌，有的企业长期从事第一或第二产业的开发在业界博得了一席之地，只有抓住自己的专长并且默默耕耘，才能收获自己期待的成功。人跟人之间也是有差异的，接受了新事物、认同了新观念之后将是告别旧我、开启新我的旅程,人们常说的获得了新生或重生,仔细想来这种说法较为符合人的思想观念的变化过程。人的观念会更新,心态会变化,意识会提升,觉悟会进步,现在的自己观察以前的自己会觉得不够成熟和稳重,短短几天的培训下来就会明显发现自己还是那个自己,但同时自己又不是那个自己。正像"人不能同时踏入两条河流"一样,人发现不同时空的自己恰如旧貌换新颜。看到差异、正视差异,并基于差异找到合作的切入口,才是正确的态度。

为了照顾和尊重差异的存在,人需要发挥协商精神促成和推进合作。应鼓励不同的行为体表达自己的诉求、抒发自己的情感和阐明自己的观点,在不同之间寻求共同点,求得最大公约数,放大相同点,弱化不同点,在共同语言的基础上看清双方合作的可能性。又因为变化是世间最大的不变,促成了合作之后还应继续加强协商,及时了解对方可能发生变化的观念,及时沟通自己可能变化的诉求,让协商成为经常现象。协商旨在促进舒适的氛围,让各方感到受到充分的尊重,让对话在双向的轨道上进行,让沟通从此方心灵出发到达彼方心灵深处,让倾听和诉说成为沟通发生的方式。协商不是吵架,应谨记商字当头,脸红脖子粗地对骂或大吵有违协商的精神,不管双方是不是已经发展了为时较久的合作,都不能以吵闹作为显示感情亲昵的方式。协商是在保持头脑的清醒基础上的活动,是以尊重事实为前提和以求得合作为目的而展开的互动,是针对特定事项展开的不同观点之间的交换意见。

大事需要协商,小事也需要协商,小事如果协商不好解决不了,则容易发展成为影响关系健康发展的大问题。如一个家庭内部关于家务劳动的问题需要进行协商,硬性分配任务的方式不值得提倡,对于久站容易腰酸背痛的人来说,分配其扫地拖地的任务明显不合适,对于手脚不利索的人来说,分配其刷盘洗碗的任务也明显不合适,不经协商的不当分工不利于家庭内部的和谐,只有经过充分协商，关注彼此诉求的分工才能调动所有家庭成员的积极性。一个班级内部也需要分工，大扫除迎接检查的时候应安排详细的值日表，让同学们认领任务，或者轮流执行某项具体的任务，总之，应该实现的状态是人人有不同和人人有分工，让分工协作成为培养集体精神的抓手，集体的形成是建立在协商基础之上的，所有人的意见都应被听到和得到反馈。任何一个成功的团队都离不开协商，脱离了协商习惯的团队将退化为一盘散沙，依靠协商习惯塑造的团队具有舒适的协作氛围，这种氛围是所有团队成员心之向往的地方。

协商规范化能够锻造强大的关系网络。关系网络是社会运转的单元，是人理解自己社会意义的出发点，也是人找到社会存在感的参照物，更是人强化内心归属感的源泉。关系网络赋予人发展机遇，彰显了人的自我和社会价值，不同的关系规范调节不同角色人的行为，如家庭关系框定了人的家庭成员的身份和行为，职场关系规定了人采取与自己职业身份相适应的行为，因此，关系体现着人的社会属性。认清社会从发现和分析各种关系网络开始，协商是维系关系网络的社会规范，协商作为规范发源于人内心的情感需求以及道德约束力的功能。没有法律规定协商义务，没有强制力要求行为体履行协商义务，但是协商作为具有巨大生命力的社会规范，从古至今发挥着独特的功能，从未退出历史舞台，而且，在社会多样性和文化多元化的今天，更需要发挥协商精神，规范协商行为，让协商成为不同文化背景下行为体对话的平台。

四、既体现了结果导向又体现了过程导向

21世纪海上丝绸之路倡议重视结果，它致力于追求的结果是共同发展，缩小乃至消灭贫富差距，提升治理效能，改善金融治理模式，开创绿色低碳的生态治理格局，实现开放、共赢、联动、包容的新型世界经济。与此同时，21世纪海上丝绸之路倡议重视过程，

没有过程就没有结果，大谈结果而不付诸切实的行动，不推动过程的前进，也不会得到结果。既重视结果又重视过程是21世纪海上丝绸之路倡议的鲜明特征，它描绘了关于未来的美好画卷，又铺设了具体的路径，指引着人类如何做才到达美好的远方。

世人往往重视结果大于重视过程，所谓以成败论英雄，但是这种观念过于功利化，也不符合事物发展的客观规律，因为没有绝对的成功，期待的绝对完美的结果在现实中很少能够实现。过于看重结果，往往会陷入一将功成万骨枯的困境，镁光灯聚焦之下的英雄成为万人敬仰的对象，而英雄背后不计较个人荣誉和得失的平凡工作者则成了无名氏。既重视结果又重视过程，才是尊重每个人的付出，让每个人都能够得到同等的对待，让凝聚了无数艰辛和默默付出的过程得到应有的礼遇。

参与过程才能真切体会到结果的来之不易，才会对合作的成果加倍珍惜。21世纪海上丝绸之路倡议合作的成果不仅体现为一座座拔地而起的产业园区和一条条标准建设的高速铁路，还体现为因项目和工程凝聚起来的情感。参与21世纪海上丝绸之路建设的行为体都有共同的体会，那就是从事伟大的事业能够带来更多的成就感和自豪感，这种共同的情感让他们在奋斗的过程中建立了牢不可破的友谊。无须更多的话语作为装饰，携手并肩开创出来的事业版图就是他们干事创业的见证，干出来的共同事业，更需要靠自己的努力和打拼发展共同事业，同志般的友谊在延续事业中不断升华和加固。过程培养出了共同的善意，合作的行为体不断向对方发出信号，诠释对方的信号为善意的，并反馈出同等善意的信号，共同善意聚成了行为体头脑中的共同观念，没有必经的过程，共同观念就无法建构起来。共同观念是内生于主体间性互动的，而不是超越互动由外界强加给行为体的。

过程的重要性无可替代，过程比结果更为重要。从时间顺序来看，过程是第一位的，结果是第二位的，过程先于结果而出现，结果是过程顺利发展而到达的阶段。我们常说，先做好当下的事，不要好高骛远，要一步一个脚印打下坚实的根基，通过辛勤的努力走好脚下每一步路，顺其自然地迎接美好的未来。结果是强求不来的，不做好当下事，不用好当下的时间，不在过程阶段谋划好应该做的事情，就无法期待理想结果的到来，因此，看清了过程对于结果的意义，才能在启动和推进过程的切实努力中实现预期的结果。

五、中国是牵头国

中国已经成功牵头举办两期"一带一路"高峰论坛，表达了合作的诚意，促进了协商的深入发展，这是身体力行地在践行共商共建共享的精神。中国在其中起到的作用是牵头搭建一个平台，让自愿参与相关合作的国家找到一个齐聚的场合，在这个场合发挥协商的精神，找寻合作的空间，将合作从理想状态不断发展为活生生的实践。高峰论坛极具现场感，没有这个论坛的存在，就无法切实感受现场热烈商讨的气氛，无法感动于各国期待和推动合作的氛围，因此，论坛的创建是非常必要的，这是"一带一路"走向制度化的表现。制度具有推动和凝聚合作的功能，没有制度合作就无法固化下来，制度的重要效能之 在于促使行为体的预期走向一致并减少合作的成本。参与高峰论坛的国家带着诚意充满期待而来，为国际社会的公共事务建言献策，如果达成合作意向进而签署合作协议就会成为一件美事，可见高峰论坛这个平台的作用，如果做足了前期工作，论坛现场就可以期待结出具体的合作硕果。

论坛是合作的形式。❶ 论坛的重要性和价值在于"论"，"论"是论坛区别于谈判场合的根本依据。谈判充满了技巧与诡辩，谈判

---

❶ 关于构建更加紧密的中非命运共同体的北京宣言［EB/OL］. （2018 - 09 - 05）［2019 - 01 - 04］. http：//world.people.com.cn/n1/2018/0905/c1002 - 30272215.html.

场弥漫的火药味让人不忍涉足其中,而"论"充满了民主的精神和协商的氛围。当今世界有很多问题需要"论"。环境污染威胁着人类的生活与工作,降低了人们的生活质量,让人们担忧食物安全。环境污染是人类面临的共同问题,事关所有人的身体健康和生命安全,任何国家都不能置身事外,碰到一个讨论的场合和议事的空间,大家都愿意将这个问题摆到桌面上议一议,从而找到解决问题的真办法。海盗猖獗增加了航道的不安全因素,❶ 采用高科技手段的海盗比传统海盗更具有杀伤力,❷ 打击海盗关系各国共同利益。集体的力量大,个体的力量相对比较弱小,承认自身的不足,学习他人的优点,才能实现他山之石,可以攻玉的目的。论坛现场闪烁出来的智慧的光芒,如果被听众灵敏地捕捉,并发展为解决现实问题的良策,或启发听众的思考,让其举一反三结合自身的实际境遇产生联想,则证明其起到了开导或启示的目的。论坛绝对不是一言堂,谁都不能剥夺他人发言的权利,谁也不能一直霸占着麦克风无视时间规则说个不停,既然是"论"就要"论"得充分,而充分与否的标准之一在于是不是倾听到了不同的声音。倾听和被倾听是论坛的常态。

---

❶ 王昌俐,谭利娅. 去年亚洲海盗袭击抢劫案件激增 在南海等出没 [EB/OL]. (2015-01-05) [2016-04-25]. http//world.huanqiu.com.

❷ 祝秋利. 二十一世纪海上丝绸之路建设背景下的东南亚海盗问题研究 [J]. 东吴学术, 2019 (2): 106.

第四章　海南省在 21 世纪海上丝绸之路倡议下的参与和探索

各地方省份在参与 21 世纪海上丝绸之路倡议的进程中表现出了认真对待和积极参与的态度，并付诸了切实的行动，希冀用合力推动 21 世纪海上丝绸之路倡议的完善和在实践中的运行。海南省特点鲜明，区位优势明显，参与 21 世纪海上丝绸之路倡议具有得天独厚的优势，在响应国家战略方面当仁不让，自贸港建设就是参与 21 世纪海上丝绸之路倡议的过程。

第一节　依托博鳌亚洲论坛，打造常态对话平台

海南省与 21 世纪海上丝绸之路有着特殊的联系。❶ 博鳌亚洲论坛落户海南省琼海市的博鳌镇，这是海南省人民的骄傲，也是提振海南省外事工作的抓手。博鳌镇是旅游胜地，每年吸引大量中外游客到访，可见论坛本身的知名度和斐然成绩在民众心中广受认可的程度，这是打造系列机制的现实基础。博鳌镇风景独好、气候宜人、环境安静、宜居宜养，是开展国际会务工作的绝佳选择，而且处于

---

❶ 王校轩. 关于中国南海安全的几点思考 [J]. 国际观察，2016 (4)：17.

滨海位置，是对外开放的海风吹拂之地，置身其中能强烈感受到开放交流之先河。论坛见证了二轨外交的发展。二轨是相对于一轨而言的。一轨指官方层面的交往，二轨指以个人名义展开的非正式、非官方的交往。

一、构建精英对话机制

精英是特殊的群体，不仅具有精英的内涵而且具有精英的气质。精英是锻造出来的，是基于特定领域或行业做出了非凡的业绩而成就的，象征着职业生涯的巅峰状态。精英可以助力引导公众的关注。信息大爆炸时代，各种信息交织汇聚，真假难辨的信息模糊了公众判断的视线，这就是信息时代导致的关注缺失，即不知道在过量信息面前应该去关注什么，浮躁的现象因此产生。精英的作用在于引导公众去关注真正值得关注的东西，扫清公众思想上的迷茫，起到拨乱反正、振聋发聩的作用，让他们把节约下来的时间用于真正有价值和有意义的事物。

精英还可以发表真知灼见，在某些专业问题上表达见解或主张。关于海洋环境，海洋保护区的出现是为了防治海洋环境污染，保障海洋资源永续开发和利用，促使人和海洋形成共生关系，[1]保障各行业进入海洋的权利。世界范围内海洋保护区多设置于近海范围，零散且碎片化现象严重，鲜有将保护区置于统筹整合态势予以保护的现象。为了更好地规划海洋保护区的布局，专家们应该交换专业意见，运用翔实的数据说明海洋生态保护的重要性，尤其是更正公众中存在的偏见，即生态保护多注重海洋污染的防治而轻视了对敏感脆弱生态体系的保护。尤其是由于受到追求经济利益的过分刺激，重利益、轻公益的现象时有发生，海岸线受到污染，海沙质量出现

---

[1] DE B. Dictionary of Scientific Biography [M]. New York: Charles Scribner's Sons, 1970: 611-612.

倒退，珊瑚礁生存的环境遭遇严重破坏，海洋生态环境不复以往的单纯与宁静。如果没有专家的提醒，可能公众继续处于麻痹大意之中，因为他们并没有觉察到自身行为与海洋环境的关系，也不会意识到海洋环境保护意识的觉醒和个体素质的提升在海洋保护方面能做出的贡献。正是由于专家的指点引导，公众才从麻木不仁中清醒过来，对于无意识的破坏性行为按下停止键、踩下急刹车，从混沌无知转变为反省觉悟。

二、建设经济体发展论坛

21世纪海上丝绸之路倡议是针对海洋提出的倡议，必须凸显海洋的特殊性。海洋是人类宝贵的物质财富和精神财富。对于在内陆生活的人来说，海洋充满了无限的神秘感，在他们面前打开了一扇又一扇宽敞的大门，带领他们徜徉于一个又一个前所未有的神奇的世界。笔者来自于内陆地区，第一次见到大海是在青岛求学时期，和笔者同样年近二十岁才见到大海的同学们或喧嚣或平静地表达了初次接近大海的欣喜。自从与大海亲密接触之后，笔者便和那一片蔚蓝结下了不解之缘，开始了在滨海城市定居工作和研究海洋问题的漫漫征程，这是冥冥之中的召唤，也是笔者内心深处情感驱使的选择使然。

岛屿是海洋不可分割的组成部分，岛屿经济体具有特殊性。要想发展岛屿经济，须对岛屿及其附近海域的资源进行有序开发，动员岛民的积极性，发挥岛民的岛主意识。海南岛风景独好，是正在建设中的国家生态文明示范区，长寿之乡是海南的金字招牌，候鸟老人纷至沓来而且有归家养老之感。海南岛的基础设施建设得到了长效的发展，基础设施建设得到省委省政府的高度重视，促使海南省的经济又快又好地发展是海南人的既定目标。在发展经济的道路上，海南人并不盲目跟风，他们规范了房地产业的健康有序发展，推动了以旅游业为龙头的现代服务业的发展，自觉杜绝以GDP为衡量地区发展唯一指标的错误倾向。在海南省建立经济特区40周年庆祝纪念活动上，习近平总书记亲自莅临并且向海南人民发出了最高指令，中央支持海南省建设中国特色自由贸易港，海南省经济社会发展迎来了崭新的机遇。自贸港的宏伟蓝图已经绘就，总体方案已经出台，海南省的发展进入了黄金机遇期。作为典型的岛屿经济，海南省应在发展的道路上和其他岛屿经济体加强交流。

一是人才方面的交流。海南省底子薄、基础差，长时间落后于其他省份，人才匮乏是其面临的一大瓶颈。现今，海南省拿出了招揽人才的魄力和勇气，在广泛吸引外籍人才来海南省落户安家置业方面不断拿出新的作为，不断推出新的尝试，不断给出利好政策，不断招揽国际知名院校在海南省合作办学，不断完善教育、医疗、住房方面的政策和设施。越来越多的国外高端人才来到海南省就业发展，在海南省迎来了自己职业生涯的又一春。利用博鳌亚洲论坛召开的机会，海南省将不断展示自己的新风貌，将论坛作为人才交流的平台，让海南省新引进的外籍人才现身说法畅谈感受，对于参加论坛的其他外籍专家人才形成强大的吸引力，让他们在更广阔的范围内宣传介绍海南省的人才政策，使外籍高端人才源源不断涌入海南省成为常态化现象。

二是岛屿经济体如何发展方面的交流。岛礁是交流合作的平台。❶ 岛屿经济体是特殊的经济形态，因为特殊广受关注，也是专家学者乐意谈论和交流的话题。岛屿经济体应注重其特殊形，因濒临大海具有开放的先天优势，岛屿经济体应该在对外开放方面争当排头兵，加强货物、人员、资金、技术方面的对外交流，展现自己的比较优势，学习借鉴对方的优势，将优势互补作为发展的动力，形成新的经济发展引擎。应该进行广泛的社会动员，提升岛民士气，

---

❶ 张玉强."21世纪海上丝绸之路"倡议下中国南海话语权的提升[J]. 和平与发展，2019（6）：83.

号召他们解放思想和更新观念，自觉跟上变化的形势，付诸与自贸港建设相适应的行为模式。把岛主观念植入人心，提升岛民精神气质方面的吸引力，让外来人士在踏上海岛之初就产生被这里的文化深深吸引的感受。应挖掘岛屿自身的经济价值。打响碧海蓝天、椰风海韵的招牌，充分践行绿水青山就是金山银山的理念，打造美丽中国的海南名片，创造生态中国的实践范例，将生态文明建设和经济社会建设同步推进，形成全方位平衡发展的范式。

发展岛屿经济的同时还要发展海洋文化产业。文化的发展是潜移默化的现象，文化产业的发展也是沉下心来耐得住冷板凳和经得住寂寞的过程，不像发展其他产业那样见效快。海洋文化很长一段时间是和海洋旅游合并在一起的，给人以很大的错觉，似乎旅游是文化之旅就意味着旅游产业的发展涵盖了文化产业的发展。文化产业是将文化元素进行整合提炼，通过产品或园区等载体以适当形式展现相关价值，注重文化体验、观念表达和价值再现。海洋文化产业是指将和海洋相关的价值理念进行产业化的再造，寻求文化价值和经济利益的平衡与双赢，海洋特色鲜明，海洋相关性突出。岛屿经济体固然应该注重经济效益，但是不能将属于文化表达范畴的文化产业笼统地归入旅游经济，究其根本，海洋文化产业是基于、扎根于本环境的文化而产生的，是深入本岛人士血脉骨髓的事物，而不是仅向外地游客展示的东西。

海洋文化产业应该鼓励创新与创意。创新是发展的要旨，海南省注定将走上一条不同于内陆省份的发展道路，在强调生态保护的同时发展现代服务业，加强金融创新力度，做大、做强总部经济，凸显现代服务业的效能。制度集成创新是海南省既定的发展战略，而创新是属于大众一起干成的事情，集成就是大规模，没有民众习惯性创新的推动无法形成集成创新的状态。创新是基于广阔的范围而言的，一城一地出现的创新不是创新，所谓的创新换个地域就成

81

了老生常谈，加强交流是检验创新的试金石。因此，实现真正的创新必须熟知世界发生的变化，不然就无法掌握前沿尖端的信息，也无法创新。

海南省要实现创新发展，应该学习广东省的改革精神，❶ 彰显海岛开放本色，将岛屿经济体的开放优势做大、做强，拿出21世纪海上丝绸之路排头兵和主力军的风采，将开放交流作为经济社会发展的常态动力，作为开阔岛民视野的机制化手段，让开放交流成为主流的海岛文化。

三、和不同国家、地区的岛屿经济体打造发展共同体

（1）建立农业合作交流基地。

海南省是亚热带气候地区，气候条件造就了岛民淳朴的处世风格，乐天知命、随遇而安，不追求极致忙碌的生活，崇尚恬淡与自然。新农人是对有志于发展新型农业的岛民的统称，他们致力于改善农作物的质量和提升其销售广度，具有利用现代技术，如利用现代物流、仓储手段改善农产品种植、加工、销售产业化发展的意愿，是对未来充满希望的一代。地缘区位决定了经济体空间距离的远近，影响经济合作的程度。❷ 海南省和中国台湾的农业合作一直在路上，而且结出了硕果。中国台湾参与21世纪海上丝绸之路倡议建设是应有之意，❸ 有利于加强两岸的经济交流❹和探索两岸经济合作的新路径。❺ 琼台

---

❶ 陈晓，易静. 全国外贸看广东　广东发展靠改革［N］. 南方日报，2018-08-29.
❷ 马亚华，冯春萍. 空间视角下的东亚权力分布：一种基于引力模型的比较静态分析［J］. 世界经济与政治，2014（11）：131.
❸ 殷存毅，吴维旭. 分享与融合："一带一路"与深化两岸经济关系的新趋势［J］. 台湾研究，2018（1）：66.
❹ 殷存毅，吴维旭. 分享与融合："一带一路"与深化两岸经济关系的新趋势［J］. 台湾研究，2018（1）：68.
❺ 杨海艳，陈晓川. 台湾海峡两岸贸易发展的现状、趋势与对策［J］. 沈阳大学学报（社会科学版），2015（4）：476.

两地正在打造农业交流示范基地,探索创建先进的管理体制,力争为海南省的对外开放交流添上浓墨重彩的一笔。

(2) 建立海洋科学研究考察合作项目。

海底仍然存有很多未知的世界,人类在探索海底宝藏的道路上任重道远,海洋资源的面纱尚未被完全揭开,对于未知领域的探索挑战着人类的极限。海南省应与其他国家的沿海地区合作制定海洋科考方面的规划,建立共享专家库,尊重专家建言在政府决策中的作用,让深海开发逐步从理想变成现实。海南省正在打造的深海科技城,就是看中了深海领域的资源在促进经济社会发展方面的价值,就是要占领未来经济增长的制高点,就是要加强基础研究。科技带来财富,过去我们的眼光聚焦于传统科技,时代不同了,更多领域的高端科技显著地改善了人民生活,深海蕴藏的潜力开始被世人重视。粤港澳大湾区对21世纪海上丝绸之路的交流价值很大程度上体现在科技交流方面。❶

海南省虽为滨海省份,但是高等院校海洋研究力量并不强大,表现为深海科技研究力量的欠缺以及其他支撑性和基础性海洋研究力量的不足,抑制了海洋经济的发展。政府和社会都看到了这一点,海南省的专家、学者持续呼吁壮大深海研究的力量,储备海洋科技领域的研究人才。海南省是改革开放的前沿阵地,不应局限于一城一地谋发展,在强调促进自身发展的同时注重与其他地区形成联合态势,目前正在打造的深海科技城就引入了外地的科研力量。

在寻求外援的同时,加强本土深海科技人才的储备和培养也是刚需。21世纪海上丝绸之路倡议需要高等教育的大力支持。❷ 应引入国外名师,传播先进海洋开发理念,夯实海洋科学技术课程体系,

---

❶ 顾涧清. 广东海上丝绸之路研究 [M]. 广州:广东人民出版社,2018:78-82.
❷ 曹蕾蕾. "一带一路"倡议背景下我国高校教师的机遇、挑战及应对策略 [J]. 黑龙江教育学院学报,2017 (8):16.

挖掘大学生对于深海科技研发的兴趣,加强科技立国的意识。应建立留学生互换制度,定期输送交换生赴发达国家学习先进经验,参观当地深海科技产业园区,目睹当地产学研结合的状况,回到本土之后通过临摹效仿致力于本省的产学研一体化建设。通过观察深海科技给外界带来的深刻变化,从头脑中树立起注重深海科技基础研究的重要性,选择正确的入门渠道,梳理世界深海科技发展的基础脉络,加强对深海科技发展史的研究,明晰深海科技发展的成就、当前的瓶颈以及高端前沿问题,参与国外高端深海科技研发团队。这些交流取得的思考将成为深海科技人才储备大军的指南针,为他们在研发道路上的努力进取确立明确的航向,也将为其注入源源不断的动力,再结合海南省管辖广阔海域的天时与地利,深海科技研发人才将具有施展才能的天地。

  同一片蓝天,同一个梦想,人类生活在同一个星球,梦着彼此的梦,今人在延续着古人的故事,传承着前人的事业。梦想是跨越国界和地区的力量,梦想的实现是不同时代积跬步而至千里的结果,是马拉松式的接力赛。向外空要资源,向海洋求发展,人类改造和利用自然的野心不断推陈出新、开花结果。加强深海科技开发是人类共同面临的重大课题,加强深海人才的培养和储备是人类共同面临的任务,海南省不是例外更不是唯一,加入深海寻宝的队伍让海南扫去了孤军奋战的寂寥与落寞,平添了时代先行者的气派。海南省应认识到东盟经济的良好势头,[1]和东盟国家发展海洋合作。敢为人先、先行先试才是特区精神,争先创优的道路上不用等待,作为全国最大的经济特区,海南省在对外开放的道路上也是先行一步,21世纪海上丝绸之路倡议以南海为必经之地,增加了海南省在国家倡议中深度参与的机会。深海探索是挑战,响应国家倡议交出高质

---

[1] ASEAN Secretariat. ASEAN Key Figures 2018 [J]. ASEAN Secretariat, 2018 (12): 1.

量的答卷也是挑战，海南省走科技兴省的新路子，保住青山绿水，防治重工业污染环境，扭转过度重视房地产导致房价畸形攀高的态势。不管是服从全局还是立足省情，海南省都注定要走深海科技研发的前端发展之路，这是提升发展质量、升级发展效益的关键之举，加强深海科技开发领域的对外交流与合作也是大势所趋。

第二节　建设海洋公园

公园是缓解压力、舒缓神经的好去处，老人晨练选择在公园，孩子玩耍选择在公园。杭州市西子湖畔的房价偏高，被购房者视为理所当然，因为其附加值极大地满足了消费者的物质和心理需求。21世纪海上丝绸之路倡议注重陆海内外联动，统筹陆海两种资源，让海洋作为国人的心头宝再次成为热议词和高频词。海洋是资源、是家园、是朋友、是发展空间。海洋有很多角色，但每一个角色都离不开人。人注重海洋是因为看到了它对于人的价值。17世纪荷兰的著名法学家格劳秀斯被誉为国际法之父，因其丰富广博的法律学识著称于世。他认为航行和捕鱼活动是两项基本的自由，这是时代的进步，因为两项基础性海洋利用活动被提炼了出来，但这也反映了时代的局限，还有很多其他利用性活动没有被总结出来。凡事都有一个发展过程，前人的局限需要今人来弥补。开发利用海洋的质量随着人的眼界的不断开阔和思想境界的不断提升而不断得以提高，海洋开发事业不断掀开新的篇章，其中海洋公园的创建和兴盛就是新篇。

海洋公园的建设在全国范围内算不上是一个普遍现象，这是受到客观条件限制导致的，内陆地区没有建设海洋公园的条件。滨海城市也并非都具备建设海洋公园的条件，应视具体情况进行具体分析。对于海南省来说，建好海洋公园已作为重要举措被写入海南省委第七次全会精神，经历了周密的论证和考察，是海南省委、省政府按照国家战略结合省情做出的宏伟部署，顺应了广大人民的期盼。

海南省建设海洋公园具有得天独厚的条件。它管辖海域面积巨大，涉足的海洋领域不断扩展，从近海不断走向外海是海南人早已习惯的生活方式，渔民的足迹遍布广袤的海洋空间。海洋对于海南人而言不仅是生活方式，也是感情寄托的地方，更是工作场景，同时也是娱乐休闲的好去处，海洋已经深入人的心里，是人的心灵驻足之处。

一、海洋文化内涵探索

一是渔民文化。航海技术日益发达是交流的结果，[1]催生了稳定的渔民群体。渔民世世代代在海洋捕鱼，不畏风雨，顺应自然规律，随季风和时节变幻安排自己的出海日程，运用代代相传的捕鱼技艺和从小练就的捕鱼本领出没于大海，黝黑的皮肤和被海浪冲刷的脸庞是他们的共同特征。渔民胸怀博大，因为时常与风浪为伍，见惯了大风大浪而不拘泥于烦琐细节，在与风浪搏击的过程中养成了粗放豁达又细腻敏锐的心性，善于嗅得良机，善于捕捉变化，善于在顺境和逆境中切换，久而久之，便从容淡泊、宠辱不惊。琼海市潭门镇有海洋文化产品一条街，琳琅满目的工艺品是渔民勤劳的见证，也是他们作业习惯的象征，让人惊叹称奇。采珠业的发展是古代海南渔民辛勤劳作的见证，[2]也是古代海上贸易繁荣兴盛的见证，[3]给

---

[1] 刘迎胜. 丝路文化·海：上卷 [M]. 杭州：杭州人民出版社，1995：198.
[2] 广西壮族自治区博物馆. 广西考古文集 [M]. 北京：文物出版社，2004：273.
[3] 班固. 汉书·王章传 [M]. 北京：中华书局，2005：772.

渔民带来了财富。❶ 从事采珠业和珍珠贸易的群体繁多,❷ 相关税收也为当地带来了富足。❸

二是渔港文化。斑驳的渔船见证着岁月的沧桑变迁,笔者曾作为成员参加渔港文化考察团队,深知渔船和渔港对于渔民的重要性,坚固的渔船是保护渔民的利器,安稳的渔港保护渔民躲避风雨。海洋天气瞬息万变,风雨欲来风满楼,只有经验丰富的渔民才知道如何在风浪来临之前做好周全的准备,而渔港就是从恐怖的风口浪尖逃脱后获得救援的避风港,是渔民在波浪滔天的海上的临时家园。渔港的完善是重视渔民生命和财产安全的体现。

三是渔船文化。汉朝时出现了先进的造船文化,为和遥远的东南亚和南亚地区的国家发展海洋贸易奠定了基础。❹ 现今仍然存在古代造船厂的遗址。❺ 渔船是漂泊在海上的渔民的家园,不仅是渔民在海上休息、休整的地方,也是他们驰骋海洋的战场,对渔民具有非同寻常的意义。渔船不需要装修豪华,但必须结实坚固,不需要耗资巨大,但必须功能齐全,更重要的是,在暴风雨来临的时候,渔船必须给渔民以安全感,能够快速、高效地驶至安稳的地方。因此,实用性和高效性是渔船让人推崇的特点。笔者曾经在潭门渔港进行调研,看到其中停泊的布满历史厚重感的渔船,看到不知历经了多少岁月的木制船舷,心中的感慨自不待言。造船技术的改进,为渔民与日俱增的安全感,助力他们漂泊于大海,从事古老传统的职业,有效地促使了这一职业在现代社会的维持。

四是海鲜文化。海鲜在不同的地区有不同的烹饪特点,和当地

---

❶ 王士性. 广志绎 [M]. 北京:中华书局,1981:48.
❷ 范一鸣,范翔宇. 廉州"俗有四民"及文化现象探究 [N]. 北海日报,2010-05-09.
❸ 范晔. 后汉书·循吏列传·孟尝传 [M]. 北京:中华书局,2005:167.
❹ 冯并. 丝路大视野 [M]. 银川:宁夏人民出版社,2015:239.
❺ 南京市博物馆. 宝船厂遗址:南京明宝船厂六作塘考古报告 [M]. 北京:文物出版社,2006:1.

的饮食习惯融合在了一起。内陆地区也能品尝到新鲜的海鲜,但是对于如何保持海鲜的新鲜程度却没有太多的心得,烹饪海鲜的方式也是五花八门,在沿海地区海鲜的食用方式反而比较统一,俨然已经形成了独具一格的文化。笔者过去常年在青岛市生活,青岛市的海鲜和啤酒结合起来,是青岛人接待亲朋的典型方式,吃蛤蜊、喝啤酒是他们为青岛市打出来的活广告语,也是欢迎宾朋的口头禅,同时,青岛式海鲜做法结合了鲁菜的特点,讲究色香味俱全,并惯用调味品增加它的口感。海南人俗称火锅为打边炉,和川菜讲究红汤或白汤锅作为基础锅底形成显著区别的是,海南省当地的菜品不加任何雕琢,直接用白水作为锅底,海鲜切段放入锅内。海南省的海鲜文化体现了其原生态的特点,清水蒸海鲜和清水煮海鲜最大限度地保留了海鲜的原有味道,满口鲜带给味蕾极佳的味觉享受。

五是海洋动漫文化。动漫文化属于创意文化,拉近了生活与想象的距离。通过把海洋、海洋生物、海洋环境等与海洋有关的物品,以动漫形象表现出来,在观众心中留下栩栩如生的印象,最大限度满足其想象,将其改造和联结自然的愿望寄托在动漫编织起来的虚拟空间中,打造沟通真实和虚拟空间的纽带和桥梁。

海南省重视文化产业的发展,并给予相应的利好政策,激发了文化创新产业的发展,这是海南省进入新时代的空间。海南省是苏东坡的流放地,东坡居士在当地享有盛名,海南省也是有"南海青天"美誉的海瑞的故居,在保留对文化名人追忆习俗的同时,海南省被外界理解为文化的沙漠,这是一种和海南自贸港形象不相符的称号。海南省有众多的文化元素,让人联想到生态自然方面的元素,如果以动漫产业为抓手将传统和现代打通,让创意为海南文化带来新的色彩,动漫产业的发展无疑将迎来美好的春天。笔者定居海南省,面向无边无际的大海,曾经产生无限遐想,未知的空间没有上限,是人类穷尽精力也无法完全掌握的领域,创意在人类心有余而力不足的天地先行驰骋,为人类源源不断的想象力提供了释放的平台。

六是海洋娱乐休闲文化。很多人向往海洋运动的自由潇洒和无拘无束,那并不是具有挑战和冒险精神人士的专利,很多近海运动兼顾了趣味性和娱乐性的统一,在增加安全系数的同时吸引了越来越多的潜在群体。如果一项娱乐休闲运动带有普遍性、受众多、流行度广的特号,则很容易发展为一种文化。虽然全国范围内邮轮码头接待的游客数量在减少,[1]说明中国邮轮旅游处于瓶颈期,[2]而且存在邮轮纠纷管辖归属不明[3]和适用标准不一[4]的问题,但是邮轮游发展仍有很大潜力。游艇游方兴未艾,搭乘游艇可以参观夜色中的海景,也可以在海风吹拂中品尝带着海水苦涩味道的海上烧烤,在大海的怀抱完全放松疲惫的神经,做一回忘却人间烦恼、超凡脱俗的纯真孩童,远离繁忙的日常,待灵魂恢复宁静后重返人世战场。帆船也是逐渐兴起、收获众多粉丝的运动,远看帆船驶入大海消失在视野中,乘风归去的惬意在心底升起,身临其境尝试一把的勇气也不由自主地升起。帆船是专业技能要求极高的运动,帆船运动员的肌肉非常发达,带有明显的经年累月风吹日晒的痕迹,那是海风海浪里奋斗过的象征,似乎在诉说着令人骄傲的履历和非比寻常的成绩。潜水运动也开始普及,约上三五好友相聚海底是新的时尚情趣,探寻海底世界的秘密并不是稀奇的事情,人类运动的空间越来越广泛地延伸至海底。

---

[1] 中港协邮轮游艇码头分会. 2019 年 9 月份全国主要邮轮码头接待出入境旅客及船舶数量统计 [J]. 中国港口, 2019 (10): 46.

[2] 汪泓. 中国邮轮产业发展报告 (2018) [M]. 北京: 社会科学文献出版社, 2018: 39 – 43.

[3] 孙思琪, 胡正良. 邮轮旅游纠纷管辖: 错位与复归 [J]. 湖北社会科学, 2019 (5): 141 – 148.

[4] 孙思琪. 邮轮旅客人身损害纠纷的司法实践: 基于我国海事法院首例判决展开 [J]. 青海师范大学学报 (哲学社会科学版), 2019 (1): 52.

七是旅游文化。坐在海边发呆，什么也不干，也是一种心灵之旅，因为身未动、心已远。心随着大海的起伏飘到了遥远的地方，心中的杂念污浊也被海水冲刷干净，大海的神奇魔力带走了世界的喧嚣。很多人向往大海是因为它具有特殊的力量，不仅在于海的存在本身就是自然界的奇观，还在于人的心灵在大海面前能够回归平静，更在于人世间的欲望杂念在大海磅礴力量的映衬下显得渺小无比。很多人将在滨海城市定居或置业作为一辈子追求的目标。不同区域的海洋具有不同风情，很多国外滨海城市的居民也将考察海南省海洋文化的不同作为旅游目的，东南亚游客是海南省境外游客的重要组成部分。[1]

二、如何建好海洋公园

打造海洋公园，就是要把各种文化元素融为一体，整合为综合性的文化，整体性和个体特殊性完美地结合在一起，整体中见局部，局部组合成整体。应做好海洋公园的功能定位研究，建设集观赏性、趣味性、知识性于一体的公园，满足不同游客的需求。对于老年群体来说，公园是缅怀、追忆和休息放松的地方，对于青年群体来说，海洋公园则是猎奇满足旺盛好奇心的地方，少年群体则视海洋公园为不断学习、增长知识的地方。对少年群体来说，应在海洋公园单设一个科普长廊，分区普及海洋科学文化知识，展示人类改造海洋的历史，凸显人类和海洋应该和谐共生的价值观。海洋是自然界的一部分，人和自然是朋友关系，人不能将自我和海洋对立或割裂开来，人和海洋的和谐共生才能给人类带来更多的价值。

海洋公园选址应坚持谨慎、科学的态度，避免破坏脆弱的海洋生态环境，尤其要加强对珊瑚礁的保护，注重珊瑚礁对于维持海洋

---

[1] 田丰，李翰敏，陈孝明．弘扬海上丝绸之路精神构建广东对外开放新格局［J］．新经济，2014，31：44．

生物栖息地的重要性。建立科学的海洋公园环境影响评价机制，建设海洋环境保护国内外专家库，加强社会舆论对环境质量的监督，及时识别、测量和评估污染威胁。向海中排放废弃物应事先做好统筹规划，科学设置排污口的位置。应注重开发和保护相结合，杜绝走先开发再保护的传统老路子，杜绝只讲经济效益而忽视社会效应的狭隘误区。

应强化表达海南特色海洋文化，加强对红树林湿地文化的提炼和整合，单设红树林湿地文化展示馆，并采用高科技手段现场连线红树林湿地地区，让游客体验虚拟游，弥补传统展览只能现场看文物的缺憾。红树林湿地公园是海南省著名景区，是可供游客观赏、游玩、食宿的旅游综合体，充满风情的乡村民宿和别墅区增添了景区的吸引力，是自然资源开发为旅游项目的典范。

应提倡海岛、海水、海底文化的结合，让游客清晰感受陆海统筹的价值理念在引领海洋事业发展方面的功能，加强对海岛是特殊陆地的认知。海岛是海中特殊的存在，是海洋经济生活的承载地，是居民安居乐业的见证地，是游客心之向往的地方，看似遗世独立，但又和外界形影不离。海底是海中神秘的存在，自有另外一番天地，海底保护存在事实上的不均衡，对海底资源的开发是否有序，检验着人类治理海洋的能力。

在海洋公园的规划、建设、运营方面应加强对外合作。虽然各地海洋公园各有特色，但总体来看，海洋公园承载了人类的先进理念。一是把海洋视为人的家园，破坏家园等于毁灭人赖以生存的根基。二是把海洋视为应予以呵护的对象，树立保护海洋的意识，培养海洋事业可持续发展的理念，海洋开发遵循有序的原则，开发和保护达到动态持久的平衡。三是人类和海洋和谐共生的理念。人不是海洋的主宰，也不是海洋资源的任意攫取者，人利用海洋须遵循客观规律，否则将受到规律的惩罚，人与海洋合而为一建立在对规律的深刻认知和对现实的把握上。四是海洋事业是代代传承的事业。海洋事业不能中断，否则将错失发展良机，人发展海洋事业的意识一旦薄弱，便无法付诸实际行动，无法推进海洋事业的进步，对海洋的认知和开发将长久停留在初级或低级水平。重视和开发海洋是思维习惯，也是行为习惯，是在社会上普及的文化。这些先进的理念是共同的，基于此，各地发展海洋公园事业有了对话的广阔空间和宽大平台，应加强学习、借鉴，让好的做法普及开来。海南省应向中国台湾地区取经，模仿其他国家地区的海洋公园样本，打造标准化海洋公园的海南样式，博采众长又凸显特色，兼具共同性和特殊性。

建设海洋公园的同时应打造渔业生产合作基地。渔业资源的开发是有限度的，这种资源不是取之不尽、用之不竭的，适度合理开发才能保障实现开发的可持续性，未经报告、不加管理和非法的开发将导致渔业资源的枯竭，影响人的身体健康水平，使人营养需求的获取缺失重要的途径。联合开发渔业资源的好处在于，相关方可以在如何开发方面达成共识，从而进一步采取较为科学的开发方式，在彼此监督下完成开发进程，运用整体合力将开发推进至合理科学的优化境地。

2014年是中国—东盟海洋合作年，选定的海洋合作领域包括渔业合作。海南省是海洋资源大省，但并非是海洋强省，养护和维持渔业资源可作为发展海洋事业的抓手。渔业资源的开发和养护是相向而行的，共同服务于最大限度可持续开发渔业资源的目标。为了促使鱼种的有序繁衍，海南省近几年每年都会颁布休渔令，划定休渔范围，规划休渔期，对于违反休渔令的行为严惩不贷。在休渔期内，市面上售卖的鱼种和数量明显减少，渔民对于休渔期制度有切身的体会，消费者因其关系到生活起居对这项制度也有所了解。

打造渔业合作生产基地已经被写入海南省政府的工作报告。渔业合作基地的选址应经过周密思量。深海养殖技术并非在世界上所有地区都有所普及,为了显示渔业合作的示范效应,应选择在近海海域发展渔业合作,让民众清楚感知渔业合作带来的示范效应,也看到现代渔业生产技术的进步。渔业合作伙伴方的选择应经过认真比对,选择在渔业生产方面较有经验且具备一定规模和资金的合作方,向对方展示合作诚意,追求为双方带来经济和社会效益的双赢局面。应在渔业开发方面加强经验交流,尤其是向渔民进行技术培训方面强化效率和频率,让不同于工业化生产的传统手工业捕鱼方式得以流传,让农民对于渔业活动的荣誉感和积极性得以维持,让渔业资源开发活动充满人文关怀。

渔业生产包括养殖和加工产业。海水养殖应重视排污口的设置,应最大限度地避免损坏海水环境质量,应定期交换与养殖技术相关的环保经验。关于加工产业,鱼类或晒干或简单加工之后,相对新鲜的海产品有了不同风味,可以较久存放。海南省设有很多海产品加工市场,功能区划一目了然,生鲜区摆放各种新鲜的渔获,加工区和大排档有几分相似,顾客在生鲜区进行选购之后,在加工区进行烹饪制作,既享受购物乐趣,确保食材的新鲜程度,又能较为快捷地品尝到滨海城市的特色食品。加工业也应加强对外交流,将具有异域特色的食材制作工艺引入海南省,增强当地海产品加工市场的吸引力。

第三节 多元合作机制

在古代代海上丝绸之路的发展史上,协调机制的作用不可缺少。[1]

---

[1] 李立民.明清时期的民间"海上丝路"[J].历史档案,2020 (2):53-57.

协调意为扬长避短,整合多行为体之间的资源,加强监督和管理,形成约束和激励机制,让丝绸之路功能通过多元路径得到最大限度的发挥。海南省应积极搭建平台,参与丝绸之路建设。

一、搭建信息平台

及时发送项目招投标信息,告知相关方项目审批和进展情况,发布有关环境质量测评报告,回应公众关切。在中国扩大对外开放的过程中,和各国共享信息极为关键,如中国欢迎外国投资者投资港口项目,❶ 相关信息非常重要,应促进港口共享物流信息。❷ 信息的流通对于社会各界的判断和决策具有关键作用,也是弥补市场失灵现象的有效手段,让民众快捷高效地接触到想要了解的信息。相关部门应在传递信息方面先行一步,通过多种渠道对信息进行收集、整理、分析和甄别。应设置专门的信息部门,对信息变动进行汇总和更新,让最新信息在第一时间到达相关方,真正成为贯通政府和社会的桥梁。

二、搭建宣传平台

好酒不怕巷子深,这是从孩提时代就萦绕耳边的宣传语。宣传至关重要,它关乎规划能否变为现实,关乎理念能否被付诸实施,关乎项目的成效能否被公众熟知,关乎潜藏于民众之间的智慧和热情能否被最大限度地挖掘。中国参与国外港口设施建设能够带来双赢结果,本身就是公共外交的成功实践。❸ 能否做好宣传关乎21世

---

❶ China's 'belt and road' offers middle east opportunities galore [EB/OL]. (2017-06-19) [2018-02-03]. http://ameinfo.com/money/economy/chinas-belt-road-offers-middle-east-opportunities-galore/.

❷ 王珍珍,甘雨娇. 中国与'一带一路'沿线国家港口联盟机制研究 [J]. 东南学术,2018 (1):178.

❸ 陈杰. 海洋命运共同体视角下的中国海洋公共外交 [J]. 太平洋学报,2020 (7):63.

纪海上丝绸之路倡议能否实现预期目标以及能否推动海上议程。❶

应加强宣传力度，将丝绸之路项目建设中涌现出来的好人好事广泛宣传，重视榜样的引领示范作用，制作先进典型事迹的宣传材料，开办事迹宣讲会。制作项目推介书，宣传的介绍项目的起源、社会影响和经济效益，让项目成为不胫而走的活广告，以一个项目的成功带动其他项目的成功，加深项目关联度和拓宽项目覆盖面，让项目之间的联动成为推动项目遍地开花的引擎。

打造展现21世纪海上丝绸之路精神的影视作品。超越民众期待的视野，❷推出专题纪录片，记录21世纪海上丝绸之路倡议的重要瞬间，加深民众关于21世纪海上丝绸之路项目的印象，使21世纪海上丝绸之路精神以生动活泼的形象停留在世人的记忆之中。打破东方电影的传统意向新风格，❸推出弘扬丝路精神的影片。推出访谈片，对于海上合作项目的推动者和见证者进行访谈，让他们对于如何启动和参与合作现身说法，理解他们的心路历程，使他们对于21世纪海上丝绸之路的期待和投入成为感染人心的力量。推出21世纪海上丝绸之路专题节目，以纪实方式跟踪报道丝绸之路项目，对项目酝酿、规划设计、现场勘察、环保测评、专家论证、投入使用等多阶段进行打包策划，既是对项目运转的督促也是调动民众参与热情的尝试。让专题节目成为定期推介丝绸之路项目的平台。

三、搭建协商平台

丝绸之路的推广和普及是一个系统的进程，其中环环相扣、步

---

❶ CHRISTOPHER L. China's 21st century maritime silk road initiative, energy security and SLOC Access [J]. Maritime Affairs: Journal of the National Maritime Foundation of India, 2015, 11 (1): 1.

❷ 王迪, 王志敏. 中国电影与意境 [M]. 北京: 中国电影出版社, 2000: 171-173.

❸ 孔朝蓬. 符号背后的"空无": 罗兰·巴特的隐喻世界与东方电影的意象构成 [J]. 当代电影, 2017 (9): 38.

步相连，任何一个环节和步骤都应发挥整体的合力，团队精神的塑造和延续在于弘扬协商精神。21世纪海上丝绸之路精神就是要贯彻共商、共建、共享的精神，让协商成为无所不在的润物细雨。让协商成为深入骨髓和血脉的习惯。21世纪海上丝绸之路项目的策划应广泛进行协商，充分征求各界意见，开设不同渠道，听取不同声音，在诉说和倾听以及规劝和说服中达成最大限度的共识，让共识引领各方的创业。协商的过程应发扬民主精神，杜绝以集中代替民主的情况，让民主带来更大的价值，让广泛参与成为现实。

四、搭建管理平台

古代海上丝绸之路是在多元、动态、开放的管理体制下运行的，❶ 市舶司以古代海上丝绸之路贸易管理部门的名义而存在。❷ 建立多元纠纷解决机制，❸ 打造海洋产业必须发展法律体系。项目应有合同作为依据，关键环节和步骤应按照合同规定进行，杜绝不遵守合同的消极行为，并且按照合同内容对违约行为加以处罚。合同是契约精神的体现，是法律规范的载体。法律规范是现代社会弘扬的事物，是一个社会进步和发展到特定阶段的产物，是区分人治和法治的象征。人治只能导致专断和独裁，导致权力集中到特定个体或利益集团手中，和现代社会倡导的法治和民主精神背道而驰。法治建设在路上，法治精神的塑造也在路上，21世纪海上丝绸之路倡议应坚持法治原则，加强对所涉项目的管理，以法律为准绳推动项目的运转，保障项目沿着法治的轨道发展。

管理是依法进行管理。宋代为了规范古代海上丝绸之路的管理

---

❶ 丁贤勇. 日常生活中的江南：交通史视野下的一个解读 [J]. 浙江社会科学，2019（1）：146.

❷ 霍杰. 宁波在海上丝绸之路地位演变研究 [J]. 内蒙古科技与经济，2018（3）：10.

❸ 范愉. 非诉讼程序（ADR）教程 [M]. 北京：中国人民大学出版社，2016：78-88.

曾出台了专门的法律制度。❶ 法律是高水平的制度，但并非所有制度都以法律的形式展现出来。制度有三种不同的形式，包括组织、惯例和规则。组织是组织力的代名词，体现为完整的架构，机构各有分工又协同配合，通过凝聚力加强整合以实现组织目标。惯例是约定俗成的习惯，按照默认的共识规范行为和推动发展，规则则是成文的细则，惯例和规则都是管理的手段。丝绸之路沿线国家关于规则的共识越来越强烈。❷ 海南省应在制定相关经济规则方面积极发声，❸ 应参与优化海上搜救程序规则的制定，❹ 平衡搜救过程中的利益关系，❺ 统筹安排人道主义救援❻和非人道主义援助。❼ 除法律手段外，还应加强管理，加强组织力量，依靠组织进行管理，让组织的力量成为规范项目发展的根本保障，还应发挥惯例和规则的双重效力，重视明示和默认的共识在引领相关方上的作用。

五、搭建监督平台

监督是独特的力量，发挥着独特的功能，具有不可替代的特殊性。监督须依赖项目合同方进行自我监督，加强内心的道德戒律，加强合同的约束力，让自我时常检视不合规范的行为，让改正和反

---

❶ 王晓鹰，眭贞嬿. 中国海事管理机构的历史演进脉络（唐朝至元朝）[J]. 中国海事，2018（9）：77.

❷ 陈惊天. 抓住"一带一路"机遇期 提升国际法治话语权 [J]. 人民法治，2015（11）：3.

❸ 习近平主持中共中央政治局第十九次集体学习并发表重要讲话 [EB/OL]. (2014-12-07) [2015-02-05]. http://cpc.peo-ple.com.cn/n/2014/1207/c64094-26161930.html.

❹ 中华人民共和国交通运输部. 交通运输部关于推进交通运输治理体系和治理能力现代化若干问题的意见 [EB/OL]. (2020-10-28) [2020-12-07]. http://www.gov.cn/zhengce/zhengceku/2020-10/28/content_5555262.htm.

❺ 沈肇圻.《1979 年国际海上搜寻救助公约》的诞生 [J]. 中国船检，2017（10）：99.

❻ 周健. 我国海外军事行动立法研究 [J]. 时代法学，2014（4）：14.

❼ 孔大为. 搜救行动体现国家责任 [J]. 人民公安，2014（8）：35.

省成为自我驱动的行为。加强组织的监管，运用组织的力量强化监管的效能，让监督成为及时纠错和改正谬误的制度保障，让所有可能铸成大错的小谬误止步于萌芽状态。加强专家的监管，专家能发现常人不留心的东西，以专业学识见微知著，并预知事务未来的发展态势，让经常被忽略实则带有威胁性或危害性的事物无所遁形。风险管理首先要加强监管，监管是防控的前提，21世纪海上丝绸之路倡议应防范风险。❶ 丝绸之路沿线的旅游安全应得到重视。❷ 加强社会监管，民众带有自发的热情，身为社会一分子的大众在推动社会事业发展方面具有朴素而巨大的热情，在贡献精力方面不计代价和不求回报，因势利导地推动他们将热情持续释放出来，成为组织监管的有效力量。

六、搭建服务平台

服务是政府机构的重要效能。海南省在推动改革方面先行一步，探索"极简审批"的行政审批制度改革在全国范围内很有影响力。服务是改变管理思维，号召管理者不仅视自己为管理者，还要在管理的同时加强服务职能的兑现，加强对相关方的培训，让他们的诉求有适当的表达渠道，让他们的关切在规定期限内得到有针对性的回应，让他们的正当利益得以满足。服务是彰显以人民为中心的价值观，是中国共产党带领中国人民在革命、建设和改革开放的道路上不断取得辉煌成就的根本，也是中国人民充满幸福感和获得感的根本依据。

服务应是高效的，应为事情的办理结束画上一个休止符，以高

---

❶ 郑青亭. "一带一路"进入全面展开新阶段，风险管控成中企"必修课"[N]. 21世纪经济报道，2017-12-18.

❷ 谢朝武，黄锐. "21世纪海上丝绸之路"旅游安全风险与合作治理[J]. 旅游导刊，2018(5)：80-85.

效务实的作风赢得项目合同方的赞许和认可，助力建设良好的营商环境，增加企业家的满意度和舒适度。服务应是前瞻的，应感知和通报风险，避免风险进而转化危机，让企业家蒙受不必要的损失，从而在识别和判断风险方面提升服务能力和彰显服务水平，让政府以人民为中心的价值理念真正落到实处。服务应是及时的，应该抚慰相关方的焦灼感，注重时间变量在项目运行过程中的作用，做到当日事当日毕，在审批方面充分利用技术手段避免浪费相关方的时间。服务应是主动的，上门服务和人文关怀应得到提倡，注重相关方的心理需求，把能替他们想到的提前想到，把能做好的提前做好，让相关方切实感受到服务的贴心和暖心。

七、建立产、学、研一体化机制

发挥企业家的创造力，让他们在海洋生物制药、海洋运输和通信、海洋文化等前沿尖端产业上先行一步，引领发展海洋新业态的浪潮，让世人皆知海洋事业蕴藏的巨大商机和磅礴潜力，为海洋事业的永续发展打下坚实的根基。发挥学界作用，在高校建设海洋科研院所，与广东省、山东省、浙江省等地高校形成联合办学态势，与国（境）外知名海洋科研机构建立常态化联系，打造联合培养海洋人才的平台，[1] 打造国际化航海人才培养体系，[2] 培养复合型航海人才，[3] 建设海事后备人才储备库，[4] 培养投融资与航运金融人才，[5]

---

[1] 王艳玲."一带一路"背景下航海类国际化人才培养探析［J］.职业技术，2017（5）：18.

[2] 吕红光，尹勇，曹玉墀.智能船舶背景下复合型航海人才培养［J］.航海教育研究，2017（4）：13.

[3] 邢辉.面向智能船舶的航海类新工科人才培养刍议［J］.高等工程教育研究，2017（6）：34.

[4] 毕鹏杰，邢辉，刘勤安.海事国际组织人才发展战略研究［J］.航海教育研究，2017（4）：22.

[5] 谭小芳，张伶俐，杜佳嫒.航运业"一带一路"投融资与航运金融人才培养［J］.航海教育研究，2018（4）：92.

为海洋事业发展打好坚实的基础研究。

新冠肺炎疫情突如其来，将世界卷入大规模的恐慌之中，这场危机考验了人类治理公共卫生突发事件的能力，也为学界研究非传统安全范畴的问题积攒了宝贵的经验。人类如同生活在同一艘船上，在驶向成功彼岸的过程中不知会遭遇什么风浪，就像不知类似于新冠疫情的危机什么时候会爆发一样。世界没有预知未来的人，关于风险的研究弥足珍贵，加强风险管理是现代社会治理能力的体现，学界在这一方面发挥着无可替代的作用。关于海洋，挑战和机遇并存，气候变化和海平面上升的风险使人类紧绷着一根弦，学者更是时刻关注着海洋资源的开发，他们的研究对于从事海洋产业的企业具有重要价值，让企业知道自己的行为边界在哪里。学界关于海洋高新技术的奠基性研究为产业发展提供了方向性指导，为企业关于海洋开发的谋篇布局提供了基础的科研依据，而产业率先一步的实践又为科研事业积累了鲜活数据以及现实素材。

八、加强 21 世纪海上丝绸之路课题的规划和研究

自然科学和社会科学应相互补充，为 21 世纪海上丝绸之路事业的发展提供学理支撑。自然科学学科有明确的边界，研究具有客观性质答案的问题，丰富着人类关于海洋科研知识的储藏，而社会科学的学科边界并非明确或恒定，两种科学相得益彰、互为补充。课题研究多具有理论意义和现实意义，前者在于弥补研究空白，后者在于帮助解决现实问题，回应现实关切，不论是从理论层面还是从现实层面上都具有研究价值。课题研究应事先做好规划布局，先研究基础问题，如 21 世纪海上丝绸之路倡议的理念和战略意义，不研究清楚基础性质的问题就无法做到正本清源，无法研究制度性质的问题，因为 21 世纪海上丝绸之路倡议的落地还需要依靠实实在在的制度来推动。应采取委托研究和招标研究相结合的方式，对于具有

专业难度的课题可以委托相应的专业机构完成，其他课题可采用申报和评选方式，给予足够的经费支持，让研究者心无旁骛地多出成果、出好成果。应注重对课题研究进行阶段性考察，以推动研究者以更加合理的方式推动研究进程，提升他们的时间紧迫感，让他们加强社会调研。应严把课题结项关，对课题质量进行专业审核，对结项成果涉及的数据进行验证，对课题研究报告提出的建议进行完善，将课题研究的效益发挥到最大限度。应加强课题的后续研究，使研究工作带来的价值在实践中不断得到推广，并在前期研究的基础上对相关现实问题进行跟踪，紧盯具体问题的解决进度，达到集成高效利用各种资源的目的。

九、建立对话机制

打通政府之间合作交流的平台，使政府间的对话常态化，促进政府机构之间加强沟通与合作，政府合作将为地区之间的合作奠定良好根基。海南省加强了"友城工作"，友好城市结对是展现城市风采，交流城市治理经验的平台，也是城市积累对外交流合作经验的有效载体。社会组织之间的交流也是互通有无的阵地，国内和国际社会组织的交流开拓了双方的视野，这些途径都促进了社会组织在凝聚业界人士力量方面功能的完善。打造精英对话平台，利用官方或民间智库国际交流合作平台，促进国内外精英贡献观点和智慧，形成智库建言，推动政府改善发展模式，提升发展质量。建立省委、省政府重点联系专家机制，让专家建议以最快速度和最便捷方式为党委和政府决策提供参考，使充分考量了专家建议的决策发挥最大治理效能。

十、建立激励和约束机制

对于执行21世纪海上丝绸之路决策的单位和个人予以及时奖

励，发挥激励效应，以21世纪海上丝绸之路之名提升奖励的级别和影响力，使21世纪海上丝绸之路奖项成为品牌和荣誉。在保障21世纪海上丝绸之路品牌效能的前提下建立约束机制，使质量成为决胜的关键，使卓越成为项目的标签，使项目成为精品工程，使基于21世纪海上丝绸之路项目形成的口碑在丝路沿线地区广为流传。

第四节 提升民众对外交流能力

投资自由化是国际公认的投资规则之一，❶将促使对外开放深入发展。中国和东盟贸易关系密切，❷世界上与中国贸易合作指数较高的国家为东盟成员国的不在少数。❸东盟作为新兴经济体，对外投资势头良好。❹东盟对东亚地区合作安排机制中的中心地位得以确立，❺对东亚经济影响越来越大。❻中国和东盟致力于打造双边关系的"钻石十年"。❼随着21世纪海上丝绸之路倡议的推进，中国对外贸易范围不断拓展，❽对外交流需求增大。海南省应做好准备，培

---

❶ 张西峰.迈进制度型开放：《外商投资法》的亮点与意义[N].中国市场监管，2019-03-19.

❷ 一张一图带你了解中国—东盟的"交情"有多深[EB/OL].2018-10-30.[2019-01-30].中华人民共和国商务部网站.

❸ 国家信息中心."一带一路"大数据中心：《"一带一路"大数据报告2017》[M].北京：商务印书馆，2017：62-64.

❹ 王勤.东盟经济共同体建设的进程与成效[J].南洋问题研究，2015（4）：9.

❺ 周玉渊.从东盟自由贸易区到东盟经济共同体：东盟经济一体化再认识[J].当代亚太，2015（3）：103.

❻ 张伯伟，温祁平.东盟地位的历史变迁：区域经济一体化的视角[J].亚太经济，2010（5）：12.

❼ 陈相秒."海上丝绸之路"的东南亚地区[N].联合早报，2015-04-29.

❽ 占金刚，詹满琳，李燕.钦州品牌农业发展对策研究[J].钦州学院学报，2017（12）：87.

养在某个生产部门或经济领域熟练使用外语的专门人才。[1] 要求民众在对外交流方面做到以下几点。

一、身体力行，从自身做起

加强自我修炼，提升自我修养，做社会道德规范和文明规范的实践者，让良好的文明习惯成为立身处世的通行证。好习惯的养成来之不易，勿以善小而不为，勿以恶小而为之，习惯一旦养成，将在不知不觉间支配他的言行举止。君子慎独是中国人老祖宗的教诲，指的是不管处于公众之间还是一个人独处，都要遵守道德规范的约束，不能因为没有人看见而放松对自己道德行为的要求。海南省政府印发了文明手册，海口市在创建全国文明城市的过程中，注重从多方面提升公民素质，岛民和市民的风貌焕然一新，但是距离建设国际旅游消费中心的要求尚有很大差距。骑电动车不戴头盔和任意占用机动车道的行为屡禁不止，阻碍了精神文明建设的顺利推进，影响了整个城市的品牌形象，提升岛民整体素质仍然任重道远，外界对于完成这一任务所能发挥的强制力是微乎其微的，关键在于岛民提升道德修养的意识并付诸实际行动。

二、加强民众的外语交流能力

随着海上合作项目推进，加强对外交流中的语言能力已成为大势所趋，不然就跟不上时代的进步和形势的变化，而外语小语种在海南省并没有成为时尚，英语是对外交流的主要语言。应加强大学生的第二外语能力培训，鼓励社会力量兴办外语培训班，鼓励社会青年参加对外语言能力培训课程和测试，开设各种外语角，掀起普及第二外语热潮。在注重第二外语能力培养的同时，将英语作为最

---

[1] 笪新平. 论高职外语专业性质与课程设计思想 [J]. 教育与职业，2007（3）：108–109.

为重视的外语摆在最为重要的位置。海南省每年都要为博鳌亚洲论坛的举办招募大量志愿者，语言类志愿者很受欢迎，语言服务带给参会外宾方便快捷的参会体验，让愿意持续参会成为普遍现象。除论坛这一品牌项目外，随着自贸港建设进程的推进，海南省作为对外开放门户将陆续推出更多国际交流项目，没有语言服务能力的强大支撑就无法将这些项目逐一落地，因此，应预见语言服务人才的急需性，全方位加强岛民英语语言能力的培训，而不应将这一基础语言能力视为英语专业人士的标签和专利。

提升岛民英语语言能力有多种途径。应从娃娃抓起，在幼儿园教育时期将英语学习作为常抓不懈的习惯，举办英语学习班对英语能力进行强化训练，举办各种少儿英语知识竞赛，开设各种英语冬令营和夏令营，让少儿自小便生活在浓厚的英语学习氛围中。应为英语专业大学生提供各种语言实践锻炼的机会，从高端国际会议的陪同翻译做起，逐步将之培养为高级翻译或同声传译，通过大型国际商务谈判现场让学生提前了解社会需求，做好专业供给的准备。改善高校传统教育模式，在制订培训教育规划计划之前深刻了解社会需求，有针对性地培养社会稀缺人才，让培养出来的人才经得起市场检验。在公务员群体中掀起英语培训的热潮，让资深公务员中的英语专业人士担当主培训官，对标准化公务接待英语的常见句式进行培训，并在实践中不断增强娴熟使用英语技能的能力。

三、增强东西方文化习俗的培训

从事涉外活动人员除掌握专业知识和外语技能外，还应掌握一定的东西方文化知识和外语知识。[1] 在国际交往场合需要注意的细节很多，稍一疏忽就可能造成误解，影响交流的融洽程度，其中文化

---

[1] 余锋．高校设置涉外专业礼仪课程的调查分析［J］．集美大学学报，2013（13）：101．

习俗和生活习惯方面的不同便经常带来很多令人啼笑皆非的笑话。应关注一些通用的礼貌习惯。笔者在北京求学期间，曾经受邀参加巴基斯坦驻中国大使馆的庆祝活动，那是第一次参加如此高规格的活动，很多通用礼仪来不及学习便仓促上场，无法提前了解的礼仪细节只能通过观察模仿进行判断。由于现场采用冷餐会形式，不是像笔者习惯的那样坐在餐桌前用餐和交谈，只能通过自助方式选取食物之后站着交谈，在取饮品的时候忽然想到在中央电视台文明礼仪讲堂上学到的一招，端着咖啡和别人交谈的时候应该把托盘一同拿起，有了这一暗示之后，笔者没有在展示自我形象的对外交流场合闹出笑话。通过那场活动，笔者交下诸多好友，时常相约踏青，在了解对方文化习俗的同时，语言能力也提升不少，成为求学黄金时代非常值得铭记的记忆。

　　无独有偶，笔者在北京求学期间因家教原因结识过一家印度朋友，女主人和笔者相见甚欢，并成为好友。有一次笔者受邀参加其家庭生日宴，当天的主人公是其独生子。由于那一天有琐事缠身，疏于准备礼物，仓促之下两手空空地前往，到了现场之后才发现其他参加者都准备了礼物，且在和主人一见面时就奉上，遂感觉非常尴尬，当场无论怎么找理由解释都无法掩饰愧疚、抱歉和不安的心情。这一事件说明，外事场合没有小事，对外交流中培养出来的友谊是通过日常点滴积累起来的，细节上的礼节是友谊成长的加速器，能快速叩开友谊之门，唱响友谊之歌。

　　对外交往尤其应该重视饮食文化。在宴请外国友人之前，应该事先礼貌地进行询问，想办法弄清楚他们在饮食方面有无忌口或避讳的东西，待加以明确之后避免这些不受欢迎的食品出现在餐桌上。如果采用自助餐形式且有多种选择，应事先弄清楚相关友人的选择再进行相应准备，避免不必要的麻烦和浪费，并进一步避免在接待对象心目中留下糟糕的印象。

四、在对外交往场合中做到细心、贴心、暖心

细心是观察外国考察团的肢体细节体现出来的反馈，并通过仔细的确认对相应的日程进行调整。外国来宾通常不太愿意住到远郊地区，他们认为住到闹市区能更好地了解这个城市的原貌，所以有的时候被安排到远离城市中心的海景酒店之后，他们会出人意料地提出，大海对他们缺乏吸引力，反而住在条件没有那么好的靠近市中心的酒店更有诱惑力。他们愿意近距离接触当地的文化名胜，也愿意体验老百姓的市井生活，更愿意在返程之前亲自购买并带回富有当地特色的纪念品，这些心理需求有的时候不便说出口，需要负责接待事务的人留心观察。

贴心是预见可能发生的问题并且进行及时的温馨提示。在接待外宾时，务必应提前告知酒店预订住宿用的是客人的英文名字还是中文名字，否则在办理住宿手续时将造成极大的时间浪费，凸显接待工作的粗糙，导致接待工作从一开始就遭受诟病。还应提示相关的宴请或活动应着正装还是便装，让外宾提前做好准备，否则如果在应该特别注重礼仪的正式场合着便装出席，一定会闹笑话，而这一笑话的源起并非是由外宾本人造成的，而是由接待方工作不细致造成的。还应及时提醒外宾天气变化。在随团赴瑞士考察期间，笔者真真切切地感受到天气的变幻莫测，尤其在阿尔卑斯山的山顶感受到了七月天的彻骨寒冷，如果不提前做好御寒准备，就无法户外欣赏美不胜收的景色。赴外考察团自己的会务或后勤保障组应提前做好攻略，将目的地的人文景观、交通线路、外币兑换地点等工作和生活上的细节编印成册，做好临行前的动员和教育会，让考察团按照要求做好准备，以有效避免在异地他乡出现走散或不适应当地环境的现象，最大限度地为所有团员创造极佳的旅行体验。接待考察团的工作人员也应以自己的方式对相关行程进行细致的说明，关

于语言、后勤、会议、学习、考察、餐饮等事宜做好全流程的对接和管理，保证考察日程顺畅、安全地进行，保障考察团得到最大限度的舒适和安全的旅行体验。

暖心是及时的鼓励和赞美，应适时表现出欣赏。笔者曾经在暑假为来访的非洲青年外交官代表团授课，对于他们关心的文化问题进行了栩栩如生的说明，举了大量实例进行佐证。三个和尚的故事在国内耳熟能详，大家都知道它代表的寓意，我选取了这个小故事作为案例来表达主旨观点，并巧妙地卖了一个小关子，关于为什么一个小和尚有水喝，而三个小和尚没水喝的提问吊足了他们的胃口，最后通过我的耐心解释，他们对于答案豁然开朗，纷纷表示这个故事的选择非常巧妙而且视角独特，他们颇能感受其背后蕴含的深刻内涵。讲课结束之后，考察团的团长对笔者表达了认可和感谢，赞美了笔者关于中华传统文化的功底和语言能力，考察团还特地赠送了小礼物作为纪念。这是对笔者参加的对外交往的诸多故事中的一则，虽然简单但是印象深刻，尤其是当看到非洲友人会心的微笑和发自内心的认同时，笔者深刻体会到自己的工作是崇高的和有价值的，自我成就感油然而生。

五、在对外交流场合中严守纪律

应该谨记遵守政治纪律，强调政治站位，把法律和纪律看作不可逾越的高压线，不做以身试法的"出头鸟"，更不做政治上的糊涂蛋。对外交流的场所并非一方不惹尘埃的净土，很多看不见的斗争隐藏在暗处，思想上的变质是侵害健康躯体的毒瘤，有些人不明就里就稀里糊涂地沦为敌对势力的目标，等到恍然大悟时已经悔之晚矣。很多人在国外考察或旅行时，因为过于单纯经常误入不法分子的圈套，在他们的威逼利诱或坑蒙拐骗下，思想观念发生了转变，政治觉悟发生了倒退，甚至改变了政治立场，站到了党和国家人民的对立面，完全忘记了初心，抛弃了使命，放弃了是非心和荣辱观，最终变得面目可憎。应时刻保持警醒和反省，小心提防精心设置的陷阱，增强内心拒腐防变的能力，远离不怀好意或别有用心的人，牢记组织的叮咛和嘱托，把对法律和纪律的敬畏记在心头和付诸行动。

六、在对外交流中信守承诺

与人相交最重要的是讲究诚信，失信会带来形象的破坏和口碑的下滑，所谓树立好名声难，摧毁好名声易。诚信带给双方以安全感，让他们对于合作保持稳定的预期，并且充满向往。笔者和一位英国教授曾有过一面之缘，当时他是笔者就读的外交学院邀请的学术活动嘉宾，在赴天安门广场进行参观的途中和笔者进行了愉快的交谈。当时，因为笔者对于他撰写并出版的著作颇感兴趣，这位学者欣然表态回国之后马上寄过来一本赠予笔者作为纪念，原以为闲话说说也就罢了，谁承想在时隔半个月之后学校研究生办公室果真通知我有一份外国邮件，当半信半疑地带着不确定的情绪看到印有专家签名著作的时候，确切感受到了来自大洋彼岸的温暖和友情。

重信守诺属于道德规范，强调义字当头。中国人自古以来就有关于义的情怀，义堪称国人膜拜的道德标准的最高境界，所谓义薄云天和公平正义都是在强调义的重要性。正义象征着事业致力于推崇的价值导向，从中可以看出人民是一切发展的根本目的，没有正义作为心中戒律，人民的价值属性则无从谈起。中国人的老祖宗通过很多俗语传递着对义的坚守，如先予后取和多予少取等都是看淡了物质利益的诱惑，而将义置于不可动摇的道德高境，体现了道德方面对自我的严格和对他人的宽容，是厚人薄己的文化心态。

这种重义轻利的文化氛围是厚植友谊根基的土壤。只讲究利益将被利益绑架，生活上谈不上充实快乐，因为利益通常是以物质指标加以衡量，而和内心精神世界的丰富程度无关，工作上也谈不上内心驱动力，因为物质利益外生于精神世界，和内心的归宿感无关。被利益绑架的人只是在利益满足的瞬间得到快感，继而又迅速陷入失去物质的恐慌和焦虑，从而彻头彻尾地沦为利益的俘虏和奴隶。交朋友被受到精神层面需求的驱动，是出于在茫茫人海中找到精神共鸣感的期盼，和物质利益没有太多关联，超越了利的束缚的道德境界为友谊的生根发芽准备了沃土。通俗地讲，义是指反对时时刻刻把钱挂在嘴边，仿佛天地万物只有钱是值得追求的事物，而被利益蒙蔽的双眼是无法感知真正的幸福的，与之相反，友情是让彼此幸福的存在。利是指时时刻刻通过物质计算做出决策，以是否取得相对物质收益来决定待选方案的取舍，最终做出的决定以物质回报为结果导向，而全然不顾是否放弃了履行诚信义务和是否为合作伙伴带来了利益受损的结局，与之相反的是，义是一种独立的价值判断，即使预见利益受损也不妨碍义的力量。两相对比，义更是一种内生于人的情感世界和心理环境的事物，它为友谊的开端提供了内在驱动力，而较为有效地排除了外界的干扰。

七、在对外交流中力求做到相互尊重

相互尊重和相互信任是合作的前提，没有尊重带来的舒适度，合作将无从谈起，发展到一定层级的交往将自然而然地转化为合作，而合作是打造共同体的基础。尊重是指合理正确地认识差异。人有千差万别，差异是人的自然属性，人之间的交往以认清差异为开端。差异也是人的社会属性，不同社会环境带来的不同启迪让人踏上了不同的发展轨迹，人通过社会关系网络找到存在的价值和意义。差异也是人的文化属性，不同文化元素浸润的个体带有不同的文化印记，传递着不同的文化符号，文化是共性与个性的结合，不同时空造就的文化之间注定有着不同的话语体系。鉴于差异的合理存在，尊重差异是人交往的起始。

尊重是指合理对待差异。尊重文化之间的差异，是保持自我文化完整性的必要性，因为差异增加了文化边界的确定性。中华文化强调与人为善的道德规范，强调关系的和谐性，强调协商是建立关系网络的规范基础，这些准则深嵌于国人熟知的制度体系。山东省人热情好客，注重礼仪，接待宾朋务求让对方感觉宾至如归，这是山东文化的显著特征，虽然中华文化总体上强调讲信修睦，但是山东省人的热情俨然已经形成文化标签，这是到访山东省的国外朋友能鲜明感受到的。与人相交，最重要的是尊重对方的文化习惯，并且在适应、磨合中找到不同文化习惯的契合性。笔者在和旅居北京市的印度尼西亚旅游局负责人一家作为朋友交往时，能鲜明地感受到他们浓厚的传统文化氛围，尤其在斋月期间能清楚感受到他们对文化习俗的虔诚遵守。虽然没有人监督，但是他们不需要外在的监督，内在文化约束出于内心认同，规范认同决定了行为模式，认同驱使下的行为的持久恒定也是可以预期的。文化的虔诚散发出外在的光芒，感受到这种光芒力量的人，自会选择以局外人的身份尊重这种文化的存在，并适时表现出对这种文化的欣赏。笔者在和印度尼西亚家庭交往时，时常受邀和他们一起在北京市的印度尼西亚餐厅用餐，听他们讲述印度尼西亚本土发生的故事，对印度尼西亚的语言多元性和节日的丰富多样性有了初步的了解。

尊重差异才能欣赏文化的多元。外国人对中国的武术很感兴趣，并且会经常表达对武术技能的崇拜与向往。让笔者印象特别深刻的是，印度尼西亚朋友竟然以为笔者懂得如何用武术技能防身，让笔者感到意外和有趣的同时，也对武术文化作为中华文化元素在海外的普及程度有了深刻的体会，并且开始下意识地思考自己是否应学会一两招擒拿术防身的必要性和可行性。印度尼西亚语言较为庞杂，认真学习掌握几门语言技能对他们而言并非难事,笔者曾指导汉语学习的印度尼西亚少年显然已经适应了复杂的语言环境,并没有把汉语作为头等困难的语言来对待。在看到自己孩子汉语学习能力显著提升之后,印度尼西亚这一家的父母也萌生了学习汉语的兴趣,笔者的任务范围得到拓展,担负起整个家庭汉语教师的重任。众所周知,教习语言的过程也是讲授传统文化的过程,任何一个概念和名词的讲授都要和特定的环境联结起来,尤其在辨析近义词的时候,更要熟知相关国家的表达习惯。正式用语和口语化表达是有重要区分的,讲清楚这些区分不是简单的事情,需要平时对身边发生的社会想象多观察多琢磨,并思考领会,用心和不用心一目了然。笔者的努力没有白费,不但授课能力得到了赞赏,对中华传统文化的适当表达也得到了认可。

尊重文化差异的同时还要加强文化自信。自信是从心底升起的自豪感,是一种内在的底气,是任何外力都无法拿走的。为了弘扬中华优秀传统文化的精髓,中央电视台策划了《诗词大会》节目,掀起了学习诗词文化的热潮,达到了普及宣传教育的目的,让沉迷于电脑游戏的年轻人审视了自身的不良生活习惯,重拾对中国诗词文化的关注和兴趣。中华文化的兴盛是文化融合的结果,多民族的聚居促进了文化之间的融合与交流,真正有价值的文化元素在历史长河的浮沉中被保留了下来,随着时间的流逝出熠熠光辉。诗词文化博大精深,在表达情感方面含蓄深沉,诵读起来朗朗上口、极富韵律,便于流传,但是有些宝贵的诗词作品随着时光的流逝湮没在历史的尘埃中,成了国人无法弥补的遗憾和心痛。传承古代文化是强化文化自信的手段,也加强了弘扬璀璨古文化的信心,只有文化上真正自信起来,才能在文化交往的时候表现得从容自然和不卑不亢。

看到文化差异的时候,我们更应该认清一点基本事实,那就是无论各种文化推崇的是什么样的具体道德规范，它们都体现了对自我的尊重。自我尊重体现在内心修养的不断提升和外在修饰的精心设置，是人重视外部对自我评价的体现，也是注重自我身份表达留给外界印象的体现，更是在社交场合留下良好形象的体现。没有自我尊重，将难以得到他人的尊重。参与对外交流的人更应时刻注意自己的仪表言行能否得到外界的认可，仪表是留给别人的第一印象，也是推开交往大门的第一步。重视自我仪表是恰到好处地表现对他人的尊重，将赢得后者的赞赏，否则，不修饰自我仪表，仓促出现在公众场合则会留下傲慢无礼的印象，根据管中窥豹的逻辑，很容易导致各方面的表现受人诟病。著名主持人杨澜曾经讲述关于自我形象的经历，说自己在英国一家餐厅用餐的时候，因为形象邋遢受到邻座女士的提醒，对方递了一张纸条，礼貌而直接地指出了她在形象上的问题。这段经历不管发生在任何人身上都会让人感觉尴尬，当场可能只会讪讪地微笑，但事后想起还是会对这位陌生人充满感激，因为友善的提醒带来了正面的效果，促使当事人发现并反省自身存在的问题，否则将继续失仪而不自知。留心观察不难发现，注重行事分寸的人在各种场合的表现都让人如沐春风、优雅得体，给自己充足的舒适度就是给别人以同等的舒适度，分寸拿捏得当的人在自我修养上是不落人后的，关于这一点，所有的文化都是相通的。注意仪表整齐是通用的话语，是礼仪文化的共性，是不用言说的规则，也是不同文化的共通之处，不注意礼仪文明的人似乎在加强修养上放松了对自我的要求，时间久了就像决堤的水坝完全松懈下来。

第四章　海南省在 21 世纪海上丝绸之路倡议下的参与和探索

第五节　发挥华侨华人作用的新探索

华侨在推动 21 世纪海上丝绸之路建设方面具有不可替代作用。[1] 旅居国外的华侨是特殊的群体，他们按照不同方式迁居国外，[2] 世代旅居，融入了当地社会，[3] 保留了中国元素，增加了移居国的文化元素，[4] 心怀报国志，在异国他乡以别样的方式施展着自己的爱国抱负，随时听候祖国的召唤，通过多种载体抒发着爱国情感。无论身在何处，终日为何奔波，只要抬头望一望明月，便思乡情切、故土难忘，家国情怀无时无刻不在心头萦绕，离家越久，越是思念，这是海外华侨共同的情感。对于祖国，他们是离家在外的孩子，对于祖国的人民，他们是相知却难相守的亲人，祖国的事业需要子孙共同继承，距离不是阻力，时空不是问题，同一片蓝天下的炎黄子孙分享着共同的梦想。

在报效祖国方面，华侨有着特殊的作用。一是对所在国政府了解中国和正确看待中国具有促进作用。他们通过多年的奋斗，在打拼的国家已经有了一定的成就，或经营着规模庞大的企业并积累了财富，或担任政府决策顾问，还有的直接进入当地政府工作，因此成为公众人物，具有较高的知名度。有的华侨华人是外国政要的朋友，保持着亲密的友谊，还有的加入所在国家的国会或地方议会，

---

[1] 中华人民共和国外交部. "一带一路" 历史性机遇　中秘合作崭新的未来：驻秘鲁大使贾桂德在秘鲁皮乌拉大学的演讲 [EB/OL]. (2018 - 09 - 12) [2019 - 01 - 06]. https://www.fmprc.gov.cn/web/dszlsjt_673036/t1594275.shtml.

[2] 朱杰勤. 东南亚华侨史 [M]. 北京：中华书局，2008：46.

[3] 林远辉，张应龙. 新加坡马来西亚华侨史 [M]. 广州：广东高等教育出版社，2008：8.

[4] 郭秋梅. 秉持与融合：东南亚华人 "华人性" 的嬗变 [J]. 东南亚纵横，2010 (9)：60.

具有参与当地政治事务的实践。鉴于当前存在歪曲丝路倡议的声音,[1] 存在误解中国投资项目用心的言论,[2] 他们在解释中国政策和文化方面具有先天优势,在驳斥断章取义、片面解读、刻意歪曲中国政策的言论方面具有张力,是让中国立场、政策、观点、话语有效地传递到所在国政坛的渠道。[3] 二是对当地侨胞增加凝聚力具有促进作用。华人华侨在所在国形成了庞大的网络,他们守望相助、难忘故土,异国他乡的种种坎坷不平的遭遇使他们有着更多共同的话语,情感上的共鸣拉近了他们彼此的距离,他们中的任何一个人的困难都被视为侨胞群体共同面临的问题,其凝聚力非国内基于共同事业维系的社会组织所能比拟。情感因素激发出了最大限度的黏合力。三是对于开展公共外交有推动作用。华人华侨长年在所在国生活发展,数量庞大,[4] 早已融入了当地社会,对当地文化习惯、风土人情、生活习性、价值观念等有着深刻理解和切身体会,与所在国的公众,尤其是主流社会的交往更为密切和自然。基于这些特点,他们在向国外公众推介中国文化和解释中国政策方面,具有不可替代的作用,侨务公共外交是不容忽视的领域,华侨是开展这一特殊外交当仁不让的主力军。开展侨务公共外交的基本任务,就是通过侨胞增进外国公众对于中国政治、经济、文化、社会和价值理念的正确理解,形成正向认同,提升他们对中国的好感度和亲近感,愿意欢迎华人在当地生活,愿意自己亲自到中国走一走和看一看。自改革开放以来,华侨华人开办了不少华语媒体并成立了不少华商社团,向国外受众传递着中国声音,尤其近年来加大了对中国新闻的

---

[1] 张爽,耿国婷. 海外舆情风险与'中国投资'品牌形象塑造 [J]. 中国发展观察, 2019 (8): 50.
[2] MONTGOMERY B. China's belt and road initiative and India's Concerns [J]. Strategic Analysis, 2018, 42 (4): 313-33.
[3] 张咏华. 互联网与中华文化的对外传播 [J]. 国际新闻界, 2001 (4): 9-13.
[4] 康晓丽. 20世纪50年代以来东南亚闽籍华人数量的估算 [J]. 华侨华人历史研究, 2016 (3): 37.

报道力度，国外关于中国现象的讨论已成热点，特别是有些华语媒体开设了本土语版面和网页，受众覆盖面不断拓宽。不少华侨还兴办了富有中国文化色彩的社团或协会，开设了华文学校，投身公益事业，具有较大的舆论影响力。总之，华侨是外国政府和民众了解中国的窗口。

他们是行走的文化名片，通过自己的人格魅力践行着中华传统文化的教诲，在向别人传递友好善意信号的时候广结善缘，赢得了美名和认可，这是他们在异乡拼搏的通行证。他们多是侨乡会或海外商会的创始人或骨干力量，作风扎实、勤奋努力，从点滴开始奋斗，积累了庞大的事业，在业界积攒了较高的声望，他们的倡议发挥着非同一般的影响力。在异乡打拼的历史通常是一部心酸的血泪史，其中滋味只有有着共同经历的人才能真切感受，共同的情感历程是华侨共同拥有的记忆，他们之间的黏合力和凝聚力强大且坚韧。当我们提到华侨的时候，并不是指一个或几个个体，而是指一个群体，他们有着共同的文化习性、情感归属和心路历程，是稳定和特殊的存在。电视节目上，我们经常被贴上少数族裔标签的海外华人后代的心声感动不已，更为祖国日渐繁荣富强为华人带来的安全感而感到欣慰。

海外游子的遭遇和坎坷时常牵动着祖国亲人的心，他们的光荣和成就也时常让祖国大家庭的所有亲人感受到同样的荣耀，这种同甘共苦的情谊立足于亲情和血缘，源远流长、历久弥坚。虽然广大华侨华人已在异乡定居，开枝散叶，但是他们乡愁未改、乡音未变，记忆深处仍然留存着深刻的思乡情结，他们内心深处蕴藏着巨大的能量，这像是一种召唤，在祖国需要的时候发出深沉的呐喊。祖国和海外游子之间永远有一条坚固的情感纽带，这条纽带是任何力量都斩不断的，破坏势力只会让这条纽带变得愈加结实和坚韧。

要想对海外华侨做好宣传动员工作，首先必须在头脑中确立大侨务的观念。强调发展集成规模效应，侨务工作同样应该如此。各地掌握的侨胞资源不同，全国范围内的侨乡分布也不均衡，开展侨务工作存在统筹难和资源整合难的问题，对从顶层设计上把好侨务工作的效率关增加了一定难度。应打破狭隘的地域观念，强调区域之间的统筹，对侨务资源进行跨地区、跨部门的整合，从而保证集全国之力共同做好侨务工作。大侨务观念是解放思想、实事求是的结果，是在改革开放的过程中与时俱进更新观念和开拓创新的积累，这有利于开阔视野、大胆革新、不拘一格，开创侨务工作新局面，推动侨务资源最大限度地融入国家事业。

发挥华侨的作用应注重满足其情感需求。一是举办恳亲会。率团考察华人聚居的地区，通过当面走访或正式邀请的方式举办具有一定规模的恳亲会，带去故乡亲人的殷切问候，介绍故乡发生的时代变化，畅谈故乡未来发展的规划，倾听当地华侨华人关于故乡的记忆和针对故乡发展规划提出的建议，达到增进友谊和加强联系的目的。构建恳亲会的常态化机制，设置不同主题，突出待解决的问题，搭建叙乡情和解乡愁的固定平台，让旅居侨胞和华人同胞与故乡的联系变得频繁起来。二是举办回访会。邀请侨胞组团回乡探亲，让他们实地感受故乡各方面发生的变化。俗话说百闻不如一见，再多的想象也不如实地考察来得真切和自然，故乡在年复一年的岁月洗礼中已经改变了模样，记忆中的景象已不复存在，儿时的伙伴仍依稀觅得旧时的容颜。当梦回故乡成为眼前的真实，思乡的真情将转变为爱乡的行动，投资兴业是常见的举动，回到第二故乡积极推介家乡的发展现状也是切实的举动，不管以何种方式表达对家乡的情感都是值得称赞的表现。三是在侨胞聚居地建立联络处，为其回乡投资和创业提供服务，定期举办故乡招商引资推介会。四是建设华侨华人博物馆、21世纪海上丝绸之路博物馆、侨乡文化博物馆，对于华侨海外奋斗、扎根、创业、成功的经历进行展出，对于侨乡文化，如妈祖文化、客家土楼等进行展览。通过展览，一方面加强当事人的荣耀，让其亲属家眷感到光荣，另一方面让同在海外奋斗的侨胞感到振奋，激发起他们在海外成就事业的雄心壮志。

在针对华侨举办各种活动或开创各种品牌项目时，应该加强和华人社团组织的联系，了解他们的需求，做到有的放矢。应指定专员和这些社团进行对接，保持常态化联络机制，维持交流渠道的畅通，做到相关信息能够在第一时间传递和反馈，以这种方式逐渐实现共同信任。信任如金，信任的形成需要一个过程，信任形成之后也不是自然而然就维持在那里的，建立和维持信任都需要付出双向的努力。如果以为文化同源就能轻而易举地和海外华人社区建立密切的关系，那是大错特错的。任何一个组织的存在和维系，都依赖它掌握和开发资源的效能，华人社区是海外华人加强交流的网络，有其自身运转的方式和规律，外界要打通和华人社区的常态化关联，也应熟悉相关的规律。应熟悉华人社区的生活习性、关系网络、活动方式、运转机制、人口规模、地域来源等，对相关情况进行摸底了解，通过一手资料和二手资料的汇集，建立社区需求清单，从全力满足和社区发展最为相关的需求开始，表达对社区侨胞的关心和牵挂，让他们感受到来自祖国同胞的情谊。应关注他们惯常举办的活动，提供后勤服务和策划设计方面的支持，以促使这些活动能够最大限度地动员民众参加，提高活动受欢迎的程度，借此体现对华人社区的重视。应适时表现对华人社区工作骨干的欣赏，认可他们在提升社区华人团结度和凝聚力方面做出的贡献，以适当的形式给予嘉奖和鼓励，让他们在感受认可的同时有更大的精力和时间投入华人大家庭的事业。应关注公益活动，将华人遭遇的个体问题置于公众视野，以群策群力的方式解决个体难以解决的问题，并注重问题解决的程度和实际效果，让公益的光辉温暖海外华人的心扉，让他们远离故土却依然感受到有归宿感。应参与他们的庆祝，分享他们职业生活中出现的小确幸和大欢喜，分担他们的忧伤，并带去及时的安慰和劝导，让他们始终感受到前进道路上温暖之光的照耀，以感恩的心态通过自己的努力回报祖国同胞的关爱。

尊重华侨华人自己的创造力，鼓励他们发挥奇思妙想或通过个性化的方式，增强中华传统文化辨识度。熟悉法国文化的人都知道，法兰西民族和中华民族有很多共同之处，其中很重要的一点就在于对美食的狂热偏好，如果在法国举办中华美食分享会或打造中华饮食一条街，将有很大的概率赢得当地社会的口碑，这等于是通过饮食文化这一扇小窗口管窥中华文化宝库的丰富多彩。不同菜系装点着中华大地，鲁菜的浓郁酱香，川菜的麻辣爽口，湘菜的香辣腊味各有千秋，这些菜肴走出了国门，在国外的某些城市也不罕见，但是味道却并不那么正宗。

笔者随团赴瑞士考察期间，发现饮食问题是团员普遍难以适应的问题。有些团员甚至带了整箱泡面和榨菜，有些团员为了礼貌起见随团一起用餐，餐后总是寻觅中餐厅，虽然考察团贴心地为大家安排了几顿中餐，但无法保证每餐都是中餐。实事求是地讲，国外的中餐厅能做出纯正中餐寥寥无几，和国内常见的餐厅无法相提并论，因此有人开玩笑地说，在国外成为中餐厅大厨非常简单。通过饮食活动项目打响中华文化品牌是个创新之举，不仅可以让华侨的后代真正理解老祖宗饮食文化的精神，让他们享受和国内同龄人同等的美食待遇，在大快朵颐之余加深对中华文化的热爱，还可以让外国人见识真正中华传统美食的魅力。

除打造美食街或举办美食节活动外，还可以携手推出中外美食联谊会，让中外美食汇聚于此，满足受众的不同需求，让美食在切磋中散发出更为清新的芬芳。联谊会并非要区分何种饮食文化能独领风骚，更不是在各类菜品中进行名次的评比，而是通过饮食联谊的方式促进文化的交流，让不同年龄、不同口味、不同饮食习惯的人都能获得满意感。久居海外的侨胞在口味上发生了一些改变，有时候更追求饮食的中和，味蕾习惯了在中西餐之间的切换，纯正的中餐或西餐已经不是他们惯于品味的食物，中外饮食的荟萃与聚合才是他们乐见的现象。华侨旅居地也是文化交流地，开放交流春风的吹拂让当地原有居民不断开阔视野，享受到了多元选择带来的自由气息，提升了热爱生活的程度，以饮食交流作为抓手增加他们对新鲜感的追求，会是一种美好的尝试。长期以来在民众的头脑中形成的错误观念是，西方人不喜欢在吃饭上花费时间，提倡饮食从简，西餐讲求配料比例，追求快捷方便，似乎花费时间在烹饪上是中国人的专利。笔者基于长期对外交流经验得出的结论是，品尝天下美食是人的共同的兴趣偏好，和地域、国籍没有任何关系，一个人是否喜欢美食和他长期所处的环境有密切的关联。如果他有机会品尝诸多美食，势必养成难离美食的习惯，反之，如果没有和美食为伍的条件，只能草率应付一日三餐。笔者接待过的外国朋友，常常对中国特色的各种食品表现出强烈的好奇，更愿意有个向导对其在开发美食之路上做些指导，有的时候在学会了关于新菜名或新口味的新名词之后表示出极强的满足感，可见对饮食的热爱是共同的。

还可以将《舌尖上的中国》翻译成外文在国外进行推广。该节目提升了中华传统饮食文化在青少年心目中的地位，每逢播出必掀起收视热潮，其最大的成功之处在于不仅介绍让人垂涎欲滴的精美菜品的做法，还在于细致梳理出各地引以为傲的饮食文化，让人能看出在时间沉淀中菜肴佳品接受的考验和锻造以及在年轮更替、岁月变迁中饮食文化跨越古今的传承作用。每当看到这个节目，都有一股强烈的团圆气息扑面而来，年味浓郁，经久不散，更让人赞叹时间的洗礼把各种地域、不同风格的饮食文化打造得如此精致又富有个性。各种菜品既带有烟火气，又带有艺术气，不应只在舌尖品味，还应在世俗生活中进行推广与传承，而所有俗称吃货的饮食爱好者都是行走的解说器和宣传员。饮食交流活络起来，文化交流也将活络起来，活络的气氛让人感受到冲劲和干劲，充实向上的文化氛围改变了所有人的精神面貌，正能量又将转化为促进友谊升华的催化剂，如此周而复始、良性循环。通过饮食文化的亲和力，进一步增强文化的内在魅力和外在具象，是促进文化交流的有效手段。

重视对侨胞后代的汉语培训。华侨子孙后代使用汉语的能力远不如先人了，汉语的普及程度在海外华人世界并不均衡。有的家庭对于汉语学习高度重视，他们要求孩子在学习当地语言的时候加强汉语学习，将汉语视为提醒自己不忘本的手段，而非华人聚居区的华人家庭受当地文化同化影响较深，汉语甚至在其家庭内部也失传了。随着汉语的普及和推广，全世界掀起了汉语学习的热潮，应抓住汉语广泛流行的黄金期对华侨后代普及汉语教育，让汉语学习真正深入世世代代海外华人的心里。汉语学习时常伴随生动但又寓意深刻的小故事，这些故事讲述了中国人自古以来认同和信奉的价值理念，观念塑造行为，体现为行为的理念认同，增加了文化的吸引力。汉语教育和文化互动相得益彰，不同语言之间的交流也是文化交流，如果一个人能够驾驭不同语言，他自己身上便可体现出多种文化教育的成果，这也是文化交流的一种形式。

还应重视对华侨下一代的中华文化知识教育，让他们永远记住自己的根在哪里，时刻不忘关心祖国和祖籍地的发展。应协助提供教育手段，创新教育方式，捐赠中文书籍、中国古代文化典籍等，投资开办华文学校、华文讲堂等，达到有效开展中华文化教育的目的，让华裔成为提升中国文化软实力的动力。[1] 应创新活动载体，通过中华文化寻根游、重走郑和下西洋路、丝绸之路回乡之旅等项目，吸引更多的华侨后代出于爱国之情掀起到国内寻访的热情，能够见

---

[1] 许梅. 东南亚华人在中国软实力提升中的推动作用与制约因素 [J]. 东南亚研究，2010（6）：59.

证祖国事业蒸蒸日上的活力和发展潜力之后，能够进一步提升爱国热情，将爱国情感转化为奔涌于心的动力。应开设远程教育，让华侨华人后代感受国内同龄人的课堂氛围，目睹他们的文化活动，对中国起源的文艺或体育运动燃起兴趣。

除重视汉语教育以及华语媒体的效能外，❶ 还应该使之成为华裔移居国了解中国的窗口，❷ 并应该入乡随俗，鼓励华人华侨开设使用当地语言的传媒平台，招聘使用当地语言的工作人员，把当地习俗融入节目之中，努力探寻具有中国特色的话语内容和方案，❸ 与当地听众打成一片，这也是文化交流的一种方式。笔者曾经去重庆市调研，在出租车上曾经听到过使用方言的交通电台广播，火辣热情的气息扑面而来，在严寒的冬季瞬间感觉温暖起来，突显文化特殊性的媒体沟通能起到出奇制胜的效果。俗语说，乡音难改，相逢不相识的同乡惯常使用方言交流作为身份交换的名片，熟悉的乡音是拉近陌生人心理距离的有效方式，也是在异国他乡迅速融入当地社区的叩门砖。勤劳智慧的海外华人善于观察、长于模仿，他们将观察到的关于当地文化习俗的经验和习得的中华优秀传统文化结合起来，形成立体的、系统的集成，通过生动多样的形式进行外化的宣传。中国人在世界上迁徙范围广，在他乡定居时间长，一方面是靠坚韧不拔的性格，像狂风劲草一样经受了生活的磨难，另一方面靠无论身在何处都能落地生根、开枝散叶的心态。

除注重使用多种语言进行交流外，还应通过利用现代网络科技

---

❶ 东南亚华文媒体在"海上丝绸之路"建设中的角色与机遇 [EB/OL]. (2015 - 08 - 14) [2016 - 03 - 05]. 中国新闻网.

❷ 陈丽冰. 新加坡媒体报道方向转变! 跟随时代潮流，聚焦"中国经验" [EB/OL]. (2018 - 06 - 14) [2018 - 12 - 13]. http://www.sohu.com/a/235758981_402008.

❸ 张玉强. "21世纪海上丝绸之路" 倡议下中国南海话语权的提升 [J]. 和平与发展, 2009 (6): 81.

进行沟通，抓住媒体融合技术变革带来的机遇。❶ 媒体有效促进话语传播。❷ 可利用微博、微信和 App 等技术手段，促进文化交流，通过官方、民间和社会组织等多种渠道满足大众对美的需求。❸ 华文报纸采用新媒体形式拓展了影响力。❹ 创建图书会和书香长廊 App，定期推送美文欣赏和大众点评，加强思想碰撞，收获了经典名篇带给心灵的洗礼，加强文学作品赏读能力，提升人的精神气质和欣赏品位。微博和微信也是当下流行的交流手段，老年群体在使用微博、微信扩大交际范围方面的娴熟让年轻人自叹弗如，妥善对之加以利用将提升政府联络和服务民众的能力。微博问政是应形势发展需要在海南省委党校讲授的一门课程，展现了政府部门通过微博回应社会热点问题，增强服务民众本领，提高行政执法效率。政府可以通过微博加强公共外交，向民众展示政府在处理公共危机方面体现出来的民本情怀，展示政府决策的公开透明程度，展示政府绩效治理中蕴含的价值导向，这对于文化是最好的宣传，因为政府本身也是文化基因的携带者和实践者。发推特也是让海外民众了解国内政策的途径，政府应擅长通过此渠道了解民众关于政策的需求，通过政策解读指导外国民众更好地规划工作和生活，尤其是通过民众普遍关心的话题展开政策宣传，促进外国民众在国内旅居生活的舒适度，让他们在熟知政策环境的前提下开展正常的文化交往。

---

❶ 卜彦芳."一带一路"背景下中国传媒国际话语平台建设［J］. 对外传播，2017（8）：18.

❷ BRAND A. Contested Media Power Media in North－South Relations through the Prism of Discursive Constructivism［J/OL］. （2006－03－22）［2006－04－25］. http：//www. allacademic. com/meta/100583_index. html.

❸ 朱箫. 谁是移动时代弄潮儿?《2018 海外华文新媒体影响力报告》发布［EB/OL］. （2018－05－29）［2018－09－10］. http：//ocnm. haiwainet. cn/n/2018/0529/c3543531－31325083. html.

❹ 陈丽冰. 新加坡媒体报道方向转变! 跟随时代潮流，聚焦"中国经验"［EB/OL］. （2018－06－14）［2019－07－08］. http：//www. sohu. com/a/235758981_402008.

依托微信、微博平台，可以达到三种效果。一是积极发出声音，表达在民众关心的一些事情上的立场，排除刺耳噪音或不实信息的干扰。海南省在领事保护方面推出了创新举措，实行"一网通办"，提升了便民程度，被作为制度创新在自贸港建设的进程中广为宣传，这是服务为民精神的彰显，应该作为正面典型在侨胞中树立起来。这是让侨胞了解国内政策体系的方式，也是让21世纪海上丝绸之路沿线国家了解中国为民政策的方式，为整体提高国人在海外的安全系数提供了帮助，也为请求其他国家出台在其国内旅居华人的安全保障措施提供了帮助。二是扩大民众的参与度。三是扩大21世纪海上丝绸之路品牌项目的影响力，引发公众更丰富的情感表达。❶

开发民间多种形式的文化交流，搭建多种交流平台。通过举办学术论坛、精英讲坛、交流成功展览等多种方式，促进国人和国外民众的人文交流，让他们对中华文化价值理念进行全面客观的了解，有效纠正一些偏见和误解，增加中华文化的亲和力和吸引力。通过合作拍摄影片和纪录片的方式，让文化交流的辐射力和感染力不断扩散，对不同国家的民众自觉参与跨国文化交流产生积极的影响。通过对丝绸之路基础设施中的文化遗产保护，发挥民众的公益事业热情，并在协调合作中做大、做强社会事业。应重视民间资本在文化交流中的投入，稳定民间投资力量的心理预期，弥补单靠官方发起投资动员带有的单一性的缺陷，扩大融资渠道，做好文化交流的后勤保障。让文化交流形成自我延续的良性循环，让参与交流事业的每一个个体都能感受到文化互动的魅力，在交流的过程中实现自我欣赏和互相欣赏，从而达到文化交流的广博格局。

---

❶ 史安斌，邱伟怡．社交媒体时代政府部门的危机传播与情感引导：以深圳滑坡事故为例［J］．现代传播，2018（4）：37.

民众有强大的想象力和创造力,能在头脑风暴的激励下挖掘出新鲜的交流方式,既迎合时下的审美需求又调动起了大家的积极性,让文化交流的品牌效应不胫而走,让文化交流的功能和效益结出丰硕的成果。笔者接待来访的瑞士学者时,带其参观海南省当地著名的咖啡风情小镇,观摩了咖啡豆的种植和研磨技术,参观了创始人兴办实业的事迹展览,并且向其介绍了海南人的咖啡情怀。海南省不乏长寿之乡,其中的富硒产品更是远近闻名,百岁老人也不罕见,这和当地宜人的气候环境不无关联,更重要的是海南岛民形成了独特的养生习惯,饮食清淡、心态淡然,其中,咖啡文化的重要性广受认可。外国友人感到好奇的是,中华文化孕育了茶文化,咖啡文化毕竟是舶来品,两种文化有着明显差异,那么,如何将两种分别带有东西方文化色彩的习惯结合起来呢?用辩证思维看待这个问题,很容易找到答案,随着丝绸之路的开辟与丝绸之路贸易兴起,不同文化之间加强了交流和融合程度,任何一种产品或作物再也不是局限于特定区域的产物,而是随着文化交流走遍了世界各地。

　　文化产品也带有强烈的地域属性,即使远隔重洋换了生长的地方,也带有原生地域的色彩,只有初始出现和盛行的地方才能呈现出这项产品最饱满的形态。我们可以想象,一名身着汉服恬静淡然的美女,烹茶抚琴、怡然自得,看似与世无争,看似独享宁静,看似跳脱于红尘之外,实则又深嵌于尘世之内,于出世和入世中达成一种微妙的平衡,那种画风简单美好,让人欣赏,更让人向往。年轻群体在弘扬中华优秀传统文化方面有心得、有经验、有技巧,也有能力,应给予他们充足的信任,让他们大胆实践、勇于创新,在推陈出新和奇思妙想中展现自身能力。

第五章 笔者参与21世纪海上丝绸之路建设的尝试

结合职业和其他方面的实际情况,关于从个人层面如何为推动21世纪海上丝绸之路倡议做贡献,笔者得到一些启示。贡献意味着付诸脚踏实地的行动,而不是独坐书斋进行毫无意义的空想或幻想,因此,要想对21世纪海上丝绸之路建设多做贡献,必须首先想清楚行动之前应该做好哪些准备,做好哪些前期工作。

第一节 思想上的准备

思想是行动的先导,要想从实践参与视角研究能为21世纪海上丝绸之路倡议的落实做出哪些贡献,首先应在认识层面厘清个人的定位以及在此基础上的角色功能。没有观念上的提升和思路上的明确,不可能做好实际工作。

一、提升政治站位

"一带一路"倡议影响深远、事关全局,是中国加强对外交流的宣言书,关乎国家以什么样的姿态和外界开展交流,关乎民族复兴的宏伟事业和全体中国人民的福祉。认清这一点,就要在思想和行动上和中共中央保持高度一致,加深对21世纪海上丝绸之路倡议的理解,不断跟踪此项目的实施,不断研究21世纪海上丝绸之路倡议在世界范围内掀起的关注热潮。

二、端正思想态度

人的身份是多重的,应在不同的场合、情境中把握不同的身份属性,充分认识社会人的价值和意义。笔者是海南省委党校教授,这是无比崇高的职业,在选择这份职业的时候,笔者充满了自豪感,可以说,是出于对党校事业的深刻认同感,笔者才义无反顾地选择了这份职业并在平凡的工作岗位上辛勤耕耘。天下兴亡、匹夫有责,国家的前途、命运和无数平凡人的人生紧密结合在了一起,可谓皮之不存,毛将焉附,认为国家事业、民族大业和自己距离遥远,因而事不关己、高高挂起的态度是极为有害的,它导致了思想放松和精神麻痹,在这种冷漠态度的驱使下,无法真正参透个人和国家的关联。只有把职业选择和个人抱负与国家的利益需求结合起来,个人的奋斗才具有社会价值,个人的努力和成就才能被社会认可,个人才能谈得上做了对社会有益的事情。笔者在进行职业选择之前,也曾经做了一些功课,并和有经验的学者、长辈加强了交流,经过周全的资料分析和广泛的建议征集,加深了对党校功能定位的认识,明确了党校培训阵地、思想库、智库等方面的功能,认为自己具备通过加强学习胜任党校教师这份职业的能力。

三、加强正确世界观的锻造

世界是精神的,没有精神文化的滋养,人只是机械地活着,看似活着,实际上已经进入了精神的"坟墓"。世界是物质的,没有基础物质利益的满足,人就不能解决基本的温饱问题,随着时代的发展和眼界的拓宽,活着再也不是简单地解决衣食的问题。世界是实践的，人民群众是实践的主体，通过人民群众的推动和改造，世界发生了翻天覆地的变化，作为整体的人民群众是历史的创造者。在树立了正确的价值观之后，应自觉抵御不良思想的侵蚀，在思想上经受住各种考验和挑战，保持思想境界的纯洁度和高尚性，保证在对外交流中守住思想防线和筑牢正确的世界观。

四、提升用学术讲政治的能力

结合21世纪海上丝绸之路建设，笔者应该努力要求自己做到以下四点。首先，讲清楚政策背后的原因。政策出台总是顺应了形势的需要，形势的分析需要洞察力，洞察力的提升源于对世界的观察。观察世界有很多途径，需要付出恒久的耐心和艰辛的努力，让阅读分析和归纳整理形成习惯，将通过多种媒体观察世界大势作为自己获取知识的必要的来源，避免信息泛滥对自己的干扰，在信息汇总中提高甄别和研判能力。领导人的讲话中投射出对世界的观察和思考，只有通过学习这些讲话精神才能对世界形势发展有正确的判断，在总体把握之下关注具体问题的解决进程，在对特定问题的长期跟踪中充实讲课素材的积累，通过"总—分—总"方式厘清授课思路和传递明确信息。见诸官方媒体的报道告诉民众当今社会发生了什么现象，政府如何应对这些现象并回应社会的关切以及政府出台的利民惠民的政策，以及区分哪些社会现象具有普遍意义和政府出台这些政策的原因，并不是简短的媒体报道能够解释得透彻的，应透过政府的声明及表态对于相关的现象进行综合研究，得出客观公正的结论。专家学者经过长期的思维锻炼，观察问题更容易透过现象发现本质以及通过个别发现一般，其严谨的逻辑和思辨能力是做好学问和专业研究的前提。讲政治不是简单地宣讲，不是拿着文件照本宣科，而是通过扎实刻苦的钻研讲清楚大政方针的原因。

其次，搭建理论框架。一堂课应该有学术含量，理论的魅力是众人皆知的，领导干部来到党校的课堂进行学习，是希望弥补因工作繁忙导致的学习时间不足的遗憾，而消除这种遗憾需要教师的指导和帮助，如果教师只会机械地复述文件精神，学员是无法找到"解渴"的感觉的。理论框架是对课程内容提纲挈领式的导读，是用概念、命题和结论把各种知识元素进行串联，通过提出假定和进行分析，从而提出结论。理论是逻辑、形式和内容的结合，是知识创造的高层次表现，是学员渴望在党校课堂上学习到的东西，解释理论应该是党校教师的强项。理论本领不足，将导致党校课堂缺乏理论深度和理论积淀，缺少理论涵养的授课既不叫座也不叫好，加强理论基本功的训练是新时代党校教师的使命和担当，为此必须规划好自己的时间，利用好宝贵时间，珍惜好每一寸光阴。

笔者在党校任职以来，没有虚度光阴，在时间的利用和理论的学习上始终保持充足的干劲与旺盛的斗志，始终牢记自己为何选择教师这个职业，始终提醒自己教师安身立命的根本在于专业素养和理论水平，在这种认知之下，笔者对时间的把握是合理的，把安坐书斋、扎根学习作为职业生涯的敲门砖。笔者在海洋研究领域也取得了一定成果，海洋法律知识的储备也在不断完善之中，这些理论知识的学习和积累是治学教学的基础，以此为根基，笔者在党校讲坛上才能表现得从容自在。

再次，用历史分析的视角去学习。历史是过去的现实，学习历史是提升智慧的过程，不学史无以知当下，加强历史学习也应是党校教师的必修课。学习历史不仅应知人类历史、国家历史和党的历史的发展基本脉络，还应将细节作为丰富历史知识积淀的关键要素，如此才能把历史学得通透。党校课堂应讲政策和形势，但任何一个新政策或新制度的出台都有出现、发展和形成的过程，还与政策或制度的演进和变化的过程有着紧密的关联，因此，将这些互相联结的事物的发展变化史摸清，对于提高课程的吸引力具有极大的作用。

学员喜欢听历史故事,认为从过去的现象能够得到对当下的启发和借鉴,从而更好地指导眼前的工作以及规划未来的发展,通常体现历史视角的课程会有较高的评价,认为这样富有历史色彩的课程充满了知识性和趣味性。因此,研读历史是党校教师的必修课,不但要学习党史、国史,还要学习国别史和世界史,如果在历史知识上欠了账,不但理论学习会受到负面影响,讲课效果也将大打折扣。

在21世纪海上丝绸之路倡议相关课程的开发中,也应在历史知识的学习上下苦功夫,认真梳理各地方、各省份在古代海上丝绸之路建设中发挥的作用和扮演的角色,从而总结出其历史贡献的特殊性,并进一步对照现实,考察这些特殊性能否在当今得到传承和发扬。另外,还应考察哪些港口在古代海上丝绸之路建设的进程中发挥了重要作用,这些港口在现今的作用又是如何体现的,从而争取达到超越过去、开辟未来的目的。古代海上丝绸之路有哪些代表作,在其开辟和延续中,中国有何作为,中国如何推动其一步步走向繁荣鼎盛以及留下了哪些遗产,古代丝绸之路沿线国家在历史上是如何参与丝绸之路建设并对其如何评价的,等等,都是需要通过学习历史找到答案的。

笔者在求学期间并没有选择历史专业,历史课的考试也总是带着应付的心态,但是,随着专业研究的推进才发现,历史欠账总归要还清,不然在涉及特定问题时总会因缺乏深入的研究导致无法获取深刻的认知,尤其在学习具有深刻历史研究功底学者的著作时感到困难重重。理论学习和历史学习应该相互促进、相得益彰,通过现象研究,丰富对理论体系的理解;通过理论知识的完善和修订,指导实践的发展,从而进一步使创造历史成为现实,关于二者的学习不可顾此失彼。出于对此观点的深刻体会,笔者目前加强了历史学习,有针对性地总结不同历史文本关于特定现象的表述,用点、线、面相结合的方式达到学懂历史的效果,并且通过举一反三的方法加强对历史现象的记忆。发自内心的兴趣和求知欲望的学习能起到不须扬鞭自奋蹄的作用,对历史的学习是自然而然的,不用催促的,是时不时回头自觉进行自我检验的。

最后,在讲课的时候自觉联系当前实际。不少学员有一种错误的观念,希望在党校的课堂上能够找到所有解决当下疑难杂症的答案。这种错误观点无形中给党校教师施加很大压力,不知道应该如何满足学员这种直接给答案的需求,以致越走越偏,把自己的授课内容作为直接打开解决现实问题这扇大门的钥匙,殊不知,超越了自己能力范围,越求越不可得,努力偏离了正确的方向。到党校的课堂上来,不是直接来求答案的,而是接受思想洗礼、方法意识培养和价值观引导及重塑的,然后回到工作岗位上以正确的思想观念和工作作风投身新的实践。但是,这并不意味着党校教师在党校讲坛上不应该联系实际,相反,只有自觉联系实际的课程才能赋予理论以魅力。应加强社会调研,收集广泛、全面的事实材料,进行深入细致和专业精准的分析,增加理论的解释力度,提升课堂的感染力和吸引力,并可以和学员进行互动,让他们表述关于特定事实的更多细节,既达到教学相长的效果,又实现理论联系实际的目的。

五、认真学习政策

关于"一带一路"倡议,中共中央人民政府出台了顶层设计,地方政府出台了诸多文件,对其中的合作重点、合作路径、制度框架进行了规定,对政府、企业、其他社会力量、民众参与21世纪海上丝绸之路建设提供了具体的指导。相关的智库院校也从不同角度对如何推动"一带一路"发展提出了对策、建议,发表了建设性观点,为官方决策提供了有力支撑。应不断加强对于政策的熟悉、理解和把握程度,吃透文件和政策精神,将政策体系置于大的时空背景下进行分析,对于政策的利好了然于胸,从而为正确的宣讲政策

第五章　笔者参与21世纪海上丝绸之路建设的尝试

提供基础性条件。

六、加强调查研究

21世纪海上丝绸之路倡议是因海而兴的事业，中共中央已经将海洋强国确定为国家战略，各地方政府也应因地制宜地从不同视角推动海洋事业的发展，海洋事业和陆地相关事业具有明显的不同，应加强对海洋这一特殊环境的研究。海洋承载着人类改造世界的梦想，人通过海洋不断走向更远的地方，寻求更好的发展，海洋资源是推动发展带来变化的能量，海洋对于人类的重要性正在得到越来越充分的显现。地处滨海城市，在研究海洋事业方面具有天时地利人和的条件，应不断和来党校培训的学员加强交流，对于相关项目进行实地调研，掌握更多一手资料，丰富头脑中搭建的关于海洋知识宝库的储藏，激发起志愿投身海洋事业的热情。运用世界银行颁布的营商环境指数，调研海南营商环境改善方面的举措。❶

第二节　行动上的准备

每个人都有自己的珍爱之物，可以是家庭或事业，可以是友情或亲情，这是人之共性。笔者在海南省委党校工作十年有余，热爱教学科研本职工作，将之视为寻找自我认同的重要参考，既然已经明确了职业趋向，就应该从这个基础出发，立足教研工作推动21世纪海上丝绸之路倡议并付诸实际行动。

---

❶ 世界银行2019年营商环境报告 [EB/OL]. (2019-03-11) [2019-12-11]. https://www.Doinghusiness.org/content/dam/doingBusiness/media/SpecialReports/Report-InChinese.

一、做好相关课题研究

对于学校而言，做课题推动21世纪海上丝绸之路建设具有独特优势。[1] 笔者从本科以来一直学习的专业都是国际关系，来到海南省委党校工作之后，根据学校的工作安排和结合自身的专业所长，逐渐转向了海洋研究，参与了国家级和省部级相关课题的研究。笔者主持了中央社会主义学院高端智库课题和与21世纪海上丝绸之路有关的课题，当时申报课题研究之时正是21世纪海上丝绸之路倡议热潮不断掀起之际，可谓因时而上、顺势而为，课题从不同视角对21世纪海上丝绸之路倡议和中华文化价值观念的关系进行了研究，提出了颇有现实意义的对策和建议，之后提交的研究成果获得了良好的评价。笔者埋头研究海洋问题，目光专一、精力集中、专攻一行、刻苦勤奋，和海南省内海洋研究机构保持着密切的合作关系，也时常受邀参加与海洋相关政策文件草案的评审工作，在海洋研究的理论和实践领域保持了较好的平衡。

海洋领域的研究较为多元，人文社科和自然科学领域的研究并驾齐驱，研究者在众多的研究问题面前应保持头脑清醒，不是艳羡别人做什么，自己也做什么，而是应该看清楚自身优势，弄明白自己擅长的领域，把这个前提性的问题弄明白之后才能踏上漫漫研究路。笔者长于逻辑思维，敏锐性强，具有学科交叉的背景，适合从学科交叉视野出发从事跨学科的研究，适合以此发挥自身优势，力争在海洋文化产业、海洋经济立法、海洋环境保护等领域的研究有所建树。除强调依靠自身努力和坐冷板凳取得成绩外，笔者还注重加强研究力量的整合，参与名师大家的研究团队并且组建自己的研究队伍，在相互借鉴中补齐了自身的短板，并且在专业磋商和交流

---

[1] 江萍. 高校在21世纪海上丝绸之路建设中的角色思考［J］. 闽西职业技术学院学报, 2015 (6): 73.

活动中保持研究质量的水准，为研究水平的不断提升打下坚实的基础。笔者参与和主持的省部级以上的课题都和海洋有关，保障了研究方向的连贯性，让不同研究项目之间的联结更为顺畅自然，保障一个课题的研究顺其自然地为下一个课题的研究打下了基础。

二、开发21世纪海上丝绸之路倡议相关课程

笔者开设了21世纪海上丝绸之路和中国—东盟海洋合作治理专题课，从21世纪海上丝绸之路倡议对海洋合作提出的新要求讲起，描述了海洋领域合作的现状及面临的新机遇，最后落脚到海南省应该如何参与21世纪海上丝绸之路倡议带动的合作上来。在课程开发的筹备过程中，笔者多年来积累的海洋领域的研究成果找到了用武之地，并始终保持着浓厚的兴趣和热忱。在讲课的过程中，在谈到海洋事业发展应关注的重点以及海南省在海洋资源方面的优势时，注重讲授内容的饱满、充实程度，力求让学员感受到满满的干货，让学员明显感受到内容是日常积累的而不是突击准备的。令人印象深刻的是，在海南省响应中共中央和国务院号召进行党委和政府机构调整时，海洋部门和环境保护部门在海洋环境保护方面进行了机构整合，笔者在讲授相关内容时，和相关部门进行了现场互动。

党校教师应该能够站得稳讲台，这是为人师者最基本的素质，没有这一点基本功就无法称得上称职的教师。台上一分钟，台下十年功，讲好一堂课源于背后扎实辛苦的积累，这些努力是肉眼看不见但是确实存在的。观察中共中央党校的名师、大家，他们一张口就能让人听出是专业的，内行和外行有根本的区别，内行的属性让内行人士的见解充满魅力。要想让自己变得内行起来，必须强化内功的训练和注重外在的表现，并且真切认知到后者是以前者为基础的。除站得稳讲台外，党校教师还应牢记党校姓党的原则，这是做好一切党校工作的出发点，是严守政治纪律、站稳政治立场的表现，

讲政治是党校教师的基本素质。用学术讲政治是对全国党校系统教师的要求，它是对党校教师群体特征分析后做出的要求，是对党校教师强化内功提高修养的呼吁，这已经成了党校教师恪守的规则。中共中央党校带头掀起了用学术讲政治的学习热潮，让教师群体，特别是刚入职的年轻人加强了对党校教师责任和特殊性的认识，让广大教师以前所未有的清醒态度和冷静头脑审视自己的功能定位，在轮训党的干部的阵地上交出让人满意的答卷。

三、对涉海部门进行实地走访

海南省有为数不少的涉海部门，在建设海洋强省方面发挥着重要功能，这些部门的同志甘于奉献、业务熟练，熟悉特定领域的海洋事业，形成了雷厉风行、敢闯敢干的工作作风，在建设海南自贸港的进程中更是蓄势待发。海南省海事局也是海南省搜救中心，在进行海洋搜救和保障海洋通航、维护海员权益和保障海洋环境方面具有成熟的经验，和其他地区加强了业务合作，同时也参与了诸多对外交流活动。在对这些部门调研的过程中，听他们讲授业务工作，能鲜明感受到他们身上迸发出来的强烈使命感、荣誉感和责任感，他们就是要用专业技能和业务功底提升民众对于海洋重要性的认识，动员更多人投入保护和发展海洋的行动中，在社会上掀起推动海洋事业永续发展的热潮。调研有效地弥补了知识储备的空白，一些理论上的盲区在调研的过程中得到了有效的化解，一些误解，甚至固化的错误认识也得到了解答。调研是建立联系的开始，通过调研积累下来了一定的研究资源，据此获取的研究资料为长效跟踪特定问题打下了坚实基础，也为实现理论和现实的结合打下了基础。在海南省海事局海洋搜救中心的实时指挥大厅，笔者感受到强烈的视觉冲击，意识到了通航、护航事业的卓绝艰辛，坚定了扎根海洋研究的决心与信心，这种情感上的驱动是单凭想象无法获取的，可见调研在丰富学者研究功底和提升学者研究信心方面具有无可替代的作用。

四、提出与海洋相关的对策建议

海洋研究储备人才不足是当前国家和地方政府面临的共同问题，这一问题已被清醒地认识到，为弥补海洋研究领域的短板提供了现实基础。大海对于多数人来说仍然是神秘的，他们想到能来一次海洋游就雀跃不已，发展海洋事业对他们而言过于遥远，治理海洋必须从了解海洋开始，对海洋知识的普及、专攻和提出海洋事业如何发展的对策建议主要应由学者完成的任务，学者的贡献和付出应该是先行一步的。笔者曾经提出海洋经济立法的对策建议，针对应予以立法的具体内容进行了分析，对于海洋经济优先发展领域、海洋产业、海岛基础设施完善、海洋通信和交通技术的改善、海洋环境保护等方面提出了具有针对性、实操性的建议，这些建议是在长期潜心研究中得到的。笔者还曾在官方媒体上发表关于海洋治理体系和治理能力现代化的文章，分析了海洋治理是国家治理体系的一部分，分析了海南省在国家海洋事业战略布局中的特殊重要性，进而分析了实现既定目标的具体路径，展望了海洋基础治理、开发治理、可持续治理、保护治理方面的前景。❶

在撰写这些咨政报告或理论文章的时候，笔者心中经常涌动着难以言状的自豪感。学者应该以所学、所见、所闻、所思、所悟回报苍天大地，用经年累月积攒下的学识回报祖国和人民，没有应用于实际的理论知识是苍白无力和空洞单薄的。学者的价值在于专业性，没有专业积累就像在沙地上建工程，基础功底的匮乏带来了专业程度的缺失，使学者的研究无法实现自我超越，但是社会需要的

---

❶ 古璇，古龙高."绿色发展、生态富民"的实践价值：《苏北地区绿色发展、生态富民的思路与对策》系列研究之一［J］.大陆桥视野，2018（6）：38.

创新应在不断超越中实现。笔者研究海洋问题已十年有余，往昔历历在目，时间的沉淀没有带来盲目的自信和优越感，反而让人更充满对知识的敬畏，潜心于专业研究才能开出灿烂夺目的果实，浮躁冒进的心态注定带来一事无成。海南自贸港建设踏上了新阶段，总体方案在万众瞩目中出台，相关立法草案已提交审议，中共中央赋予海南省发展以黄金机遇期，因海而生的海南省注定将因海而兴。作为在海南省定居和工作的山东人，笔者已立下从事海洋研究的宏愿抱负，并且以此为毕生追求的事业。从在青岛市求学之日起，笔者便和大海结下不解之缘，从饮食习惯到思维方式都因海发生了巨大的改变，就连从北京市到海南省发展也是因为喜欢生活在滨海城市。匆匆十年，如今笔者已年近不惑，时光带走了很多东西，却带不走内心的坚持和向往，自贸港建设不断掀开新的篇章，也将带领笔者的研究迈上新台阶。

五、用好相关研究方法

自贸港建设正在路上，如何将之建成没有现成的经验可以借鉴，中共中央政府提供指导以及各部委提供配合都是以海南省自身的探索为前提，不把自己的事情做好，就无法说服外界给予支持。海南省曾派考察团赴国内外相关地方进行调研考察，总结普遍适用的政策和措施，再结合海南省的实际情况，探寻最适合海南省发展的道路，可谓殚精竭虑，海南省委、省政府各部门更是拿出一天当三天用的干劲和斗志，推动自贸港建设按照既定战略部署顺利推进。海南省要建设的是具有中国特色的自由贸易港，和国外其他任何自贸港都有根本区别，要在党建引领之下保障各项利好政策落地实施，除了要凸显自贸港在制度和监管方式上的共同点，更要凸显海南自由贸易港的特殊性，即在普遍性和特殊性之间寻求平衡。应用好比较研究方法，对不同社会制度和不同地区的自贸港进行对比研究，从中找出自贸港建设遵循的一般规律,归纳出一般性特征,同时保持态度清醒,认识到海南自贸港在制度上应该遵循的底线原则。用好历史研究方法,对海南省改革开放以来的发展历史进行梳理,分析海南省发展过程中曾面临哪些机遇,遭遇过什么问题,为什么会遇到这些问题,当下面临哪些瓶颈,从历史剖析中寻找智慧和启迪。用好定性分析方法,自贸港是自由贸易规则在政策制度上的设计和落实,是为了推行自由贸易规范的普及而推出的一整套制度体系,这是其在性质上的根本特征。笔者具有方法论上的意识,但受制于学科背景,在定量分析和实证研究上的能力仍显不足,今后应该向专业人士学习,或者通过专业机构进行数据处理,弥补自身在研究方法上的局限性。

政治学研究讲究方法论,任何一个学科如果缺乏方法论的支撑则很容易陷入困境,导致学科"硬"的特征凸显不出来,由于方法缺失导致的"软"是有问题的,应该通过研究方法的合理性和科学性让学科"硬"起来。在具体问题领域的研究上同样应该呼吁方法的重要性,否则学者容易用主观片面的理解代替客观全面的现实,而偏离事实轨道的研究无法为解决现实问题提供真知灼见。笔者在攻读博士学位期间曾经接受过政治学方法论的训练,学校为了实现博士研究生教育体系的规范性开设了政治学方法论的课程,记得特别清楚的是,授课教师在第一堂课就树立起一个理念,方法论是论方法,是参透了方法的重要性。这句话醍醐灌顶,如雷贯耳,观念的重要性可见一斑,如果没有从观念上认识方法对于研究的意义,自然不会在研究的实际进展中自觉运用这些方法,如果没有学会这些方法,也谈不上灵活综合运用这些方法。为了进一步弄清楚研究方法的重要性和提升自己运用方法进行研究的能力,笔者参加了清华大学例行举办的政治学研究方法暑期培训班,和来自全国各地高校政治学专业的教师一起求学问道,加强切磋交流,加深了对实证研究的理解和认识。清华大学国际关系学院以实证研究见长,其主办的学术期刊对学术论文的推介也以普及实证研究为指标,开创了国际关系学科运用实证研究方法的先河。笔者还曾在中央财经大学为国际关系专业的本科生讲授政治学研究方法课程,为时一学期,将实证研究方法的程序和规范呈现出来,并讲清楚每一个环节应注意的事项和达到的标准,在授人以鱼的同时授人以渔,同时自己也加深了对于研究方法的认知和相关能力的提升。令人印象特别深刻的是,当时教授的学生都是高考中的佼佼者,整体上素质较高,展现了较强的领悟力和接受力,对专业倾注了热爱,对方法论的重要性有了较为成熟的见解,教学相长,通过回答他们的困惑也在一定程度上消除了自己的迷惘。

笔者将把实证研究方法用于21世纪海上丝绸之路倡议的相关研究,考察共商共建共享原则在推动丝绸之路项目落地和建设方面发挥的功能,通过对案例的收集汇总和归纳整理提炼共性,通过和其他学者一起付诸努力让中国倡议的协商规范的普及程度进一步提升。学者的研究价值很大程度上依赖方法认知能力和运用水平,好的方法将最大限度地凸显研究过程的规范性和研究结论的合理性,没有方法依托的研究毫无疑问将受到极大程度的贬损。人进步的通途在于发现和明确自身的不足和短板,进而通过自身的努力和外力补齐短板和弥补不足,在前进的道路上发展得更为顺遂和通达,对于笔者而言,基于案例研究基础之上的实证研究是可以驾驭的。因此,笔者接下来将致力于案例的收集和整理,一是自觉收集官方案例以及跟踪相关进展,力争对案例过程做到全貌式的把握。二是借助相关数据库,借力已有的研究提供更多的素材积累,以便更方便快捷地投入实证研究的规范化进程。

六、进行教学方式改革

中共中央组织部和海南省委组织部注重教学方式的创新,除传统的讲授式授课方式外，还综合运用研究式、模拟式、案例式、体验式多种教学方式。并自觉响应号召，在21世纪海上丝绸之路倡议相关课程的开发方面推进教学方式改革，注重知识性和趣味性的结合，注重理论引导和实践教育功能的结合，注重教学内容和方式方法的结合，最大限度实现教学效果。

研究式教学法是培训师组织教学，培训师和学员之间展开讨论，学员就学习心得和讨论结果写研究报告的三位一体的教学方法。该方法有三个主要步骤：精心选择研讨题目后，培训师授课，这是研讨之前的必要准备工作；培训师和学员发表见解，培训师注意调动学员的积极性；学员就讨论结果进行总结，点评他人观点，系统阐明自己的观点。培训师对学员的课题报告进行审阅和比较，直观地评估其研究的初步成效，考察其研究态度端正与否。

研究式教学法有明显优点。第一，教师与学员双方以平等参与者的身份，以集体讨论的方式去发现新知。研究式教学法内涵深刻，其本质就是要充分调动学习主体研究、探讨问题的主动性、积极性，让学员通过自己的独立思考，通过研讨，达到发现新知，培养学员的创造思维能力和分析问题、解决问题能力的目的。研究式教学法希望学生表现得更积极、更活跃，打破被动听讲，由老师进行单向知识灌输的传统路径。学员向老师大胆发问，及时发现并解决问题。老师以研讨式而不是教授式和学员对话，引导学员充分发挥主观能动性和创造力，启发他们从不同角度思考问题。学生的主体地位得到了重视和体现。第二，出色地写成一份研究报告，对理论功底薄弱、实践能力差的学员来说，不是一件容易的事。他们必须沉下心来，在相当长的时间内广泛收集并认真分析资料，杜绝外界干扰因素。这对于远离书斋的学员来说，是一种难得的心灵宁静之旅。第三，研究成果的质量在很大程度上取决于学员本人的素质和水平。接受培训的学员，大都是单位的骨干和中坚力量，具有较高的理论水平和政治素养，毫无疑问能把好研究报告的理论关，而研究报告的理论部分将对其原有的理论知识体系进行巩固和再提高。第四，研究式教学法意味着在学员间开展良性竞争，这有利于激发他们的学习热情和不服输的斗志。参加培训的学员，不仅代表其个人，还代表单位的形象，其参与培训的热情和绩效直接反映其工作单位对培训的重视程度。第五，通过分析其研究报告，培训者能更好地了解学员的情况，分析其理论水平和实践能力，考察其是否具备创新能力，以便及时向学员反馈其自身存在的问题，帮助其处理好理论学习和实际工作的关系。

模拟式教学法的实质是模拟某个情境，让参与者进行角色体验，通过角色之间的沟通找到解决问题的合适方案。其目的是让参与者更深刻地了解角色的身份、立场、职责或功能，明白角色卷入的利害关系，从而找出问题的症结所在，并拟订合理的解决方案。这种方法打破了传统教学法中通过老师的讲授或单纯的想象了解某个事件背景的方式，为参与者提供了更直观的图景。参与者扮演角色、进入角色，从冷眼旁观的观众转变为置身其中的演员，从外到内地把握角色内涵，依照对角色的理解展现其牵涉的关系网。理论上来讲，模拟式教学法尤其适用于危机处理。在错综复杂的危机中，各方立场不一、各执一词、僵持不下，致使危机得不到及时解决并且愈演愈烈。通过模拟危机场景，危机决策者能够更细致地了解危机卷入方的安全关切和利益考量，这便于他们权衡利弊，综合考虑各方利害得失，制订出容易被接受的危机解决方案。

体验式教学法是组织参训者进入真实情境进行体验，让他们以亲身经历的方式感受情境构成的若干要素，获得某种领悟和启发，从而提高解决问题能力的方法。这种教学法讲究真实，对参训者来说，这是提供了掌握第一手资料的机会，能够让他们走出讲坛，用长久浸泡在书本中的双眼去观察外面鲜活生动的世界，把头脑中积累的间接经验转变为直接经验。这不仅让参训者积累了直接经验，还提高了他们的实践技能。参训者亲临工厂、企业参观，客串角色，体验当地的工作或生活，不仅陶冶了情操，还获得了解答相关困惑的启示。如接触最先进的纺织技术或冶金技术，将给从事类似职业的人重要启发，激励他们改进技术、完善工艺，更新陈旧装备，向先进典型看齐。

案例教学法是指在教学过程中发给学员与教学有关的案例，为学员预留出充足的时间准备，在基本教学过程结束后，组织学员进行案例分析的方法。通过案例分析，学员加深了对基本理论的理解。这种方法的优点主要体现在以下几点。第一，鼓励学员独立思考。传统的教学只告诉学员怎么去做，而且其内容在实践中可能不实用，并且非常乏味无趣，在一定程度上损害了学员的积极性和学习热情。但在案例教学中没人会告诉你应该怎么办，而是要自己去思考、去发现，甚至去创造，这使得枯燥乏味变得生动活泼。第二，从客观上看，这种方法及时检验了培训师的教学成效和学员的学习效果。案例与教学内容相关，案例分析被安排在主要教学内容之后，学员对案例的分析是否准确到位，是否契合教学内容，通过他们对案例的解读体现出来。第三，从培训师和学员的主观愿望来说，他们希望这种方法映射其教学和学习进程中的缺陷，以对症下药进行改进。传统的教学模式中，培训师用"填鸭式"方法对学员进行知识灌输，学员对知识的消化程度得不到有效检验，以致双方对教与学的成效都拿捏不准。案例教学法的适时出现，解决了他们的尴尬。第四，案例教学法以案例为引子，以培训师的鼓励诱导为推动力，以学员间的讨论为必要环节，活跃了课堂气氛，增进了学员间的交流理解，促进了学科间的交叉与融合，并培养了学员多角度分析问题的思维能力。第五，引导学员将注重知识转变为注重能力。知识不等于能力，知识应该转化为能力。管理的本身是重实践重效益的，学员一味埋头于书本知识的学习而忽视了实际能力的培养，不仅会阻碍自身的发展，其所在的企业也不会直接受益。案例教学正是为此而生、为此而发展的。

第三节　发挥个人专长

笔者在求学期间参加过一些外事活动，担任过亚欧会议的陪同翻译，结交了一些外国朋友，具有一定的外事经验，对外事工作有着极大的热忱。在海南省委党校工作期间，受领导指派，参加了中瑞合作管理培训项目海南子项目的管理工作，负责外事接待业务，每次有外国专家或项目组来访，都是冲在外事工作的第一线，因负责任的工作态度和娴熟的外语能力受到了好评。令人印象特别深刻的是，笔者曾经陪同瑞士项目组考察澄迈咖啡风情镇，在极具浪漫文化氛围的环境中完成了令人满意的翻译工作，得到了广大参训学员的一致好评，这促使笔者进一步认识到自己从事外事工作的潜力和能力。笔者也曾跟随参训学员赴瑞士和法国等国家进行为期一个月的访问，目睹了当地的社会状态，深感走出去看一看的重要性和必要性，尤其在帮助学员和外国人沟通方面出色地完成了任务，更是深刻体会到掌握语言能力的重要性。笔者性格外向，为人处世得体大方，擅长从事外事工作，特别是流利的口语和敏捷的反应是从事外事工作的必要条件。鉴于21世纪海上丝绸之路倡议深度推进的大背景，根据笔者的实际情况和工作能力，笔者致力于从以下几个方面为海南省贯彻21世纪海上丝绸之路倡议精神做出贡献。

一、提升外语能力

外语学习只有进行时没有完成时，英语单词和短语在数量和形式上有不同表现，不同国家在英语表达上也有不同的习惯，学英语要想达到炉火纯青的境界必须在实践活动中持续加强学习力度。笔者是狂热的英语学习爱好者和实践者，英语的学习是一个漫长的积累过程，所有有志于攻克外语这个难关的人都有类似的经历，有的人学了很多年英语，但一张嘴还是哑巴英语，很多英语词汇在脑子里，但是想表达的时候又不知道从何说起。可见，英语学习是一个协同推进的过程，听说读写有任何一项瘸腿都不能称得上是英语高手，对此笔者深有体会，攻读学位期间，笔者就曾尝试通过高级英语口语翻译考试，但是不够勤奋和自勉自律。人都是在自我反省中前进的，英语学习应努力做到以下几点。

应树立为了国家和人民加强英语学习的决心和意志。中国和世界的联系越来越紧密，中国的发展离不开世界，世界的发展也离不开中国，中国以自己的发展促进了世界的发展，又在世界发展的整体环境中促使自身的各项事业得到了发展。要想开展对外交流，必须储备好一流的人才队伍，各种外语语种人才的需求量不断增大是客观形势。对于海南省而言，它处于国家改革开放的前沿，是21世纪海上丝绸之路建设的排头兵和主力军，在海南省使用的主要外语语种仍然是英语，高精尖英语人才的储备是形势的必然，这对于选择在海南省发展的年轻人而言是一种无形的压力，化解这种压力首先要提振士气，要在思想上勉励自己，相信自己一定可以通过努力啃下英语学习这一块难啃的硬骨头。决心学好英语的支撑力来自为了祖国强大、民族复兴和人民幸福的宏伟目标，抛弃了自私自利观念和自我狭隘观念的目标，能够激发出源源不断的斗志。

应提高英语口语水平。提升口语水平应在实践中加强锻炼，培养敏锐的口语嗅觉，在碰到精准到位的口语表述时自觉对之进行记录和诵读，培养英语口语感觉。应牢记口语和书面语的差别，明确嘴巴和耳朵的不同功能，切忌将枯燥艰涩的语言通过嘴巴表述出来。

英语口语地不地道，一张嘴便能听得出来，要想提升英语口语的地道程度，应培养英语思维，在中文和英文的不同表述习惯之间切换自如。

多参加口语角，对比各地英语口语角的特点，参与策划他们的活动，邀请外国专家、学者参与活动，提升口语角的质量。严格要求自己在参加英语角活动时只能使用英语进行交流，并发出倡议，提议英语角做出参与者均使用英语的规定，以此保障英语角功能性质的纯粹性。倡议英语角多准备英语沙龙、英文电影赏析、英文名著推介等品牌活动，加强对纯正英文口语的学习，让英文演讲和表述成为喜闻乐见的方式，让参与者带着任务参与，并在任务完成之后得到其他参与者的好评作为鼓励，定期评选英语角的口语之星。尝试自己作为发起人创设英语角，地点选择在笔者任职的海南省委党校，参与者定为教师、行政人员、工勤人员之中的英语爱好者和广大学员，让英语角成为不同时期、不同学员练习英语口语的地方，并对潜在学员群体产生吸引力，让他们还未到党校参加学习培训之前就已经听闻英语角。可让参与者对于重要文件的翻译版本发表演讲表述观点，如针对海南自贸港总体方案的英文版本的表达态度，激发学员投身自贸港建设的巨大热情，增强他们时不我待的使命感。

英语角将有极大可能在学员中间掀起热潮。海南建设自贸港的热情普遍高涨，勤勉的工作模式得到了海南省委、省政府以及相关部门的肯定，工作干劲十足，学英语也同样劲头十足。他们渴望在货物、人员自由流动的规范进程中，提升自己的英语素质，以便和外界进行畅通无阻的交流，展现海南自贸港机关工作人员的新风采。为营造鼓励公务员学英语的氛围，海南省委、省政府以及相关部门举办了专题班次，邀请英语教育培训方面的行家里手现身说法，效果良好，但英语学习是全方位、多层次、立体化的，只采用培训一种模式恐怕难以达到效果，要想达到真正推动公务员养成自觉学习

第五章　笔者参与21世纪海上丝绸之路建设的尝试

英语的目的，必须从练习口语开始。笔者在北京市攻读博士学位期间，有幸遇到一位擅长进行启发式教学的英语老师，他采用让同学们发表二十分钟英语演讲的方式，考查大家对时事的把握程度，每两节英语课选定一位同学发言。大家表示从中受益良多，有的同学将从演讲中获取的启示扩展为学术论文，有的同学依据演讲准备阶段收集整理的素材确定了攻读博士学位的研究方向，有的同学把自己培养成了英语能力和专业能力均突出的高层次人才。通过这一事例可以发现，创建因人制宜的英语学习平台至关重要。海南省的领导干部学英语的积极性高，但是对于如何学和学什么尚存在多种选择，英语角的创建代表了其中一种可能性，如果选择合适的材料激发学员练习英语口语的热情，英语角的快速流行就可以水到渠成。

应多参加国际会议，用英文进行主旨发言。通过经常在国际场合发言锻炼自己的胆识，找到说英语的感觉，并在进行专业交流的时候积攒大量的英语词汇，并在合适的时机恰如其分地表现出来，如此常说、常用、常练习，英语口语水平的提高是指日可待的。海南省外事活动较为繁多，接待官方访问团也是常事，博鳌亚洲论坛是海南省对外交流活动的金字招牌，参加论坛期间举办的各种圆桌会议是提高英语能力的重要途径，也是检验英语水平的绝佳选择，但是参加这样高规格、高水平的会议并非对每一个人来说都是可能的，英语能力是必须过的一关。因此，要通过参加国际会议提升英语水平，同时也应通过不断精进英语口语能力获取参加顶尖层次国际会议的敲门砖。笔者所在单位有比较不错的英语学习氛围，年轻人中更有英语高水平者时常出席国际会议并用英语发表演说，海南自贸港建设为他们提供了施展才华、展现能力的舞台。笔者所在部门有一位年轻的女博士，刚入职一个月的时间，便作为会议代表参加了与巴基斯坦的外事交流活动，向对方介绍了海南省在精准扶贫领域的一些做法，得到了与会省委、省政府领导的一致好评。

随着海南自贸港建设的推进，海南省委党校作为培训、轮训党的干部的主阵地和主渠道，在全省的对外交流工作方面也将有新的贡献，做好政党代表团的外事接待工作是新形势下的新要求。笔者作为长期致力于外事管理专业研究的骨干教师之一，对自己能够做什么应该有更主动和更深入的思考。应顺势而上，改变思维习惯，在从事教学和科研工作的同时服从大局，从全省和全校工作发展的全局着眼，要求自己在承担外事工作方面表现出一定的水准和热情。应该开设相关课程，帮助到访考察团多方位了解中华优秀传统文化的内涵和时代意义。开设介绍海南省情和自贸港建设创新举措方面的英文专题课程，邀请各对外事务办公室的翻译人员和海南大学英语学院的教师对讲稿进行把关，保障英语表述流畅。笔者在这方面应起到模范带头作用，为海南省委党校英语基础比较好的教师做出榜样，率先开设21世纪海上丝绸之路倡议和海洋治理方面的英文课程，讲清楚海南省和东盟国家地区之间海洋合作的现状以及在加强合作方面的规划。海南省委党校没有纯英文教学课程，不能满足新时代加强对外交流的需求，必须改变这一现状，让英语基础好的教师的优势充分发挥出来，让他们的强项和党校发展的需求紧密结合起来。许多具有海外学习经验的年轻教师纷纷表示，自己英语方面的强项没有充分发挥出来，自贸港的建设和21世纪海上丝绸之路倡议的落地和推进为他们英语才能的展示带来了前所未有的契机。国家的利好政策带来了机遇和挑战，抓住机遇、克服挑战必须内强素质，不然就无法担负起时代赋予的重任。

应提高英语评论或论文写作能力。笔者求学期间，经常用英语写日记，针对特定社会现象发表评价，针对某一观点进行评析，主要表达对该观点的驳斥或认同，同时在进行驳斥的时候肯定该观点的合理成份，或在赞同的时候肯定该观点的偏颇成份。经过年复一年的练习，笔者的写作能力提升迅速，迄今为止已在国家级英文报纸发表英文短评近10篇。因结交了为数不少的外国朋友，深知英文报纸对于在中国旅居的外国友人的重要性，便认识到了通过专业知识剖析特定社会现象的重要性。在"一带一路"高峰合作论坛召开之后，笔者发表了协商规范在推动国际合作方面重要性的英文评论，用具有专业素养的文字传递了学者的声音，感受到了学者在帮助人们理解官方立场方面无可替代的价值。今后，笔者将对关于21世纪海上丝绸之路倡议的海南省的参与路径继续进行关注和分析，对21世纪海上丝绸之路项目带来的利民惠民效果进行总结，客观地得出凝聚学者心血的结论和建议，以这种方式助推海南自贸港的建设和21世纪海上丝绸之路的进一步落实。并将尝试在国际知名学术期刊上发表英文学术论文，不怕投稿被拒，只看是否有助于提升自身的专业素养和英语能力，将撰写高质量英语论文形成习惯，围绕21世纪海上丝绸之路倡议的制度化这一主题进行细致深入的研究，为21世纪海上丝绸之路倡议的落地提出建议。

阅读国外新闻和收听国外广播电台的报道，了解国外政府和民众对于21世纪海上丝绸之路倡议的期待。围绕21世纪海上丝绸之路倡议的发展带来的具体项目越来越多地为世人熟知，许多国家和中国签署了合作协议，促使协商合作不断向更宽广的领域和更纵深的程度发展。作为学者，应该对相关项目在海外的运行保持关注，挖掘项目本身和当地文化潜在的契合点，应收集当地民众关于项目落地带来的新情况、新变化的体验和感悟，以此作为项目效能评价指标体系的完善路径，应跟踪项目实施带给相关国家和地区民生设施方面的改善，以此作为对21世纪海上丝绸之路倡议误解声音的一种反击，应关注外国政府和公众关于21世纪海上丝路倡议的总体评价和特定项目的具体评价，以此作为改进工作的抓手，应引导公众合理对待项目推进过程中面临的一些客观的不利条件，让他们明白任何新鲜事物的出现和发展都需要经历时间的沉淀。和外界进行交流是学者保持好奇心的来源，而对于世界充满好奇是创造知识和发现真理的原动力，学者的发现和普通人的发现具有明显不同，前者的发现更容易实现主观世界和客观世界的统一，鉴于此，笔者应该将对外交流沟通的培养作为常态化的行为。关于21世纪海上丝绸之路倡议，就是要倾听外界的声音和观察外界的反应，这是学者义不容辞的责任，笔者将致力于在这方面有所建树。

多到国外调研，收集直观、具体和形象的一手资料。俗话说百闻不如一见，要想看到产业园区如何蓬勃兴起，要想看到就业机会如何创造出来，就必须到现场进行实地调研，想象出来的和亲眼所见的无法画上等号。应及时表达赴国外调研的愿望，表现出海洋研究方面的执着和耐心，借助相关智库对外交流的平台，搭乘社会科学界主管机构经常组织专家学者国外考察团的便车，通过自荐和组织推荐双管齐下的方式，寻找国外考察的时机。也可争取赴国外知名研究机构开展客座研究，在浩如烟海的书籍中汲取知识养料，虚心向名师求教，掌握前沿研究资料，拓展跟踪国外舆论关于21世纪海上丝绸之路倡议期待的渠道。对于收集到的信息应进行及时的汇总，请相关信息技术公司做好数据处理方面的工作，保证分析结论有确凿的出处和依据。

参与策划英语交流活动。首先，应策划精英讲坛，让精英现身说法，表述自己是如何参与21世纪海上丝绸之路建设的。精英不分年龄、国家、地区、职业，只要以不同方式切实为21世纪海上丝绸之路建设做出了贡献，都可以作为受邀对象，让听众对21世纪海上丝绸之路倡议相关项目的运行和发展形成立体化的形象，并开始自觉思考自身应该如何为了推进21世纪海上丝路建设贡献力量。精英是时代的先行者，是在时代赋予机遇时表现出智慧和发挥出才干的楷模，他们的经验对于后来者是启发也是鞭策。献身文化产业发展的精英将创意融入产业，点缀了生活，增加了美感，让人的生活充

第五章　笔者参与21世纪海上丝绸之路建设的尝试

满情趣和生机，丰富了现代产业体系的形式和内涵，他们善于通过整合包装文化元素并将之发展为产业形态。他们现身说法，有利于在听众面前打开一扇连接文化创意和现代产业之间的窗户，透过这扇窗户，听众看到了一个前所未有的世界，在这个世界中徜徉，将不断释放灵感，从而和更美好的自己相遇。

精英讲坛应同时成为对外交流的舞台。笔者将积极担当起翻译的任务，并动员英语基础好的同事加入双语翻译队伍，扮演文化使者的角色，为缩小文化之间的差异做出贡献，让语言的阻碍不复存在，让文化的偏见遍寻不见。翻译不是一件容易的差事，要想完美驾驭翻译的角色，必须提升自身的文化素养，最好的状态是在不同的文化长廊中自由游走，熟知不同国家和地区的文化习俗，和不同国家和地区的人们交朋友。笔者在这方面有明显的欠缺，应通读各个国家和地区的文学名著，将之视为理解文化习俗的窗口，不断留心观察外国友人的生活习惯，熟知东西方文化差异，在对外交流的场合做到游刃有余。

其次，应多开设故事汇。讲好21世纪海上丝绸之路背景下海南自贸港建设的故事。好教师应该是讲故事的高手，笔者应该锻炼自己讲故事的能力，应该能够通过浅显易懂的语言和讲述故事的方式讲透深刻的道理，让听众听得懂、悟得深、记得牢。讲故事并非一件容易的事情，针对不同的受众群体应有不同的表述方式，❶ 应理解他们的情感需求，尤其应事先摸透他们想通过所讲授的故事得到什么信息，然后才能对症下药成为讲故事的高手。对于在海南省留学的海外学子来说，他们关心海南省有哪些文化名人和名胜古迹，这是他们理解海南文化并做到入乡随俗的开端，向他们讲述文豪苏东坡被贬谪海南省之后的故事，既让他们熟悉中国文学发展史，又让

---

❶ 郑保卫."一带一路"背景下西藏文化对外传播策略研究[J]. 当代传播，2016(2)：40-42.

他们理解海南当代文化习俗和历史文化名人之间的关联。对于在海南置业发展的外国友人来说，他们最关心海南的外国投资政策，以便解决他们对相关问题的疑惑，因此，应该向他们讲清楚相关的政策利好，用讲故事的方式向他们讲明白相关政策依据以及政策的发展历程，让他们能够较为清晰地制订自己在海南的发展规划。对于从国内其他地区到海南省过冬度假的候鸟老人而言，他们最关心的是海南省房地产的价格以及气候变化模式，应重点向他们讲述海南长寿之乡的故事，多举一些百岁老人在海南省幸福生活的故事，多讲一些关于富硒产品畅销海内外的故事，免去这些候鸟老人的后顾之忧，让他们在熟知相关政策的同时提升在海南省颐养天年的幸福指数。

再次，开设21世纪海上丝绸之路倡议专题访谈，让受访者对于自己的心路历程、职业生涯、发展规划畅所欲言，让听众对于21世纪海上丝绸之路倡议形成立体化和多层次的认识。21世纪海上丝绸之路促成了新的变化，让人的面目焕然一新，让就业机会蓬勃兴起，这些变化体现在人的生活中就是带来了更多的选择，让人有了更为广阔的发展空间。海南自贸港建设服务于"一带一路"国家倡议，投资和贸易自由便利化是自贸港建设的前进方向，这一进程孕育了广阔的发展前景，带来了新的发展机遇。通过专题访谈，抛出巧妙的问题，让受访者和听众进行随机互动，让21世纪海上丝绸之路倡议的相关项目铺就的宏伟画卷徐徐展开。

访谈应扩大受访者范围，将创业明星邀请到现场，展示他们身上独特的励志精神，让他们讲述创业初始阶段的艰辛，还有参与21世纪海上丝绸之路的自豪感和荣誉感，以他们的进取心和奋斗精神激励更多的追梦者勇于追求人生的梦想。还可将推进海南经济社会发展的各行各业精英作为受访对象，如将科技创新工作者和获得全国劳动模范和先进工作者荣誉称号的人作为采访对象，还可选择推动脱贫攻坚和乡村振兴事业的典型个人作为采访对象。应选择不同访谈专题，也可从21世纪海上丝绸之路倡议的"五通"中进行选择，可从海南自贸港建设的制度和监管方式创新成果中进行选择，还可从海南落实中共中央政策和方针的措施中进行选择。访谈还应录制双语视频，对于到访的外国精英考察团使用英语视频，受访者也可在外国友人中进行选择，从而用不拘一格的形式达到更广泛地传播21世纪海上丝绸之路精神的目的。访谈应和党校的干部教育培训功能相结合，除应该推出访谈类节目丰富学员们的课余生活外，还应打造访谈式教学，从而响应创新教学形式和深化教学改革的要求。

最后，还可开办21世纪海上丝绸之路倡议学术沙龙，采取双语形式，将之发展为党校教师和学员积极参与的平台。教师之间以沙龙形式加强交流，邀请外国友人参加，定期播放反映21世纪海上丝绸之路沿线国家风土人情的影视广播作品，组织围绕作品主题和内容展开交流，引导参与者关于如何贯彻落实21世纪海上丝绸之路精神建言献策。将学员之间的沙龙打造为品牌栏目，激发他们的参与热情，给予其充分时间准备交流内容，将学员的积极主动性发挥到最大限度，保证交流的深入和精彩。

沙龙的目的在于提升参与者的文学艺术作品的鉴赏能力和欣赏水平，让参与者在交流中加深对特定问题的理解，创造经常化交流和沟通的氛围，在友善高雅的环境中陶冶情操和加深情感。主持人的个人素质对于沙龙的成功具有重要的作用，应培养精通英语和熟悉中外文化的主持人，将其沟通能力和个人素养展现得淋漓尽致，通过主持艺术烘托现场氛围，引导参与者关于给定话题畅所欲言，抓住普遍关注的问题进行深入发问，让参与者恰如其分地在放松舒适的氛围中完成心灵之旅。笔者具有较为丰富的沙龙参与经验，愿意进一步提高自身素质，为成功主持沙龙打下良好的基本功，笔者协助其他同事主持工作，为沙龙的选题策划和氛围营造贡献自己的绵薄之力，让所有参与沙龙的人都感受到通过这一平台提升了能力和开阔了视野。

二、积极利用智库平台

海南省除海南省委党校是智库外，还有其他智库机构，加强和这些智库研究人员的合作，有助于笔者夯实专业知识，深化对特定问题的理解，在专业研究领域结交志同道合的朋友。通过和这些智库机构的联系，笔者脑中的旧观念得到了较好的纠正，过去笔者认为，做学问、搞研究是一个人的事情，但是现在笔者已经深刻地认识到团队精神的重要性。错误观念纠正了，之前有失偏颇的行为也得到了改正，以前笔者参加外单位组织的科研活动少，现在经常参加一些重要的评审活动和学术研讨会。通过参加评审活动，聆听其他专家关于特定问题的观点和建议，增长了专业见识，弥补了自己知识结构的缺陷，准确地找到了自己的知识盲区，并有效地将自己的研究专长用于解决实际问题，通过实际行动做出对社会有意义的事情。通过参加学术研讨会，捕捉前沿研究信息，敏锐地把握学科发展的前沿，拓展和深化了自己的研究领域，加强了和业界的联系，并成功组建或加入了相关研究团队，感受到了团队建设的重要性。

今后笔者将更加积极地参加海南省社会科学院、中国南海研究院和中国改革与发展研究院的国际交流活动，通过与国外专家的交流了解他们关注的中国社会特点的问题。笔者曾经在参加这些机构的对外交流活动时结识了一位来自柬埔寨的学者，与之交流了海南自贸港建设的相关看法，约定一起开展关于非传统安全领域的研究，并以流利的外语口语表达获得了对方的赞赏和认可。21世纪海上丝绸之路倡议在国外掀起热潮，许多学者进行了卓有成效的研究，分析他们的观点有助于开展自己的研究，让不同国家和地区学者的研究互相交流，实现加强合作交流的目的。笔者将参加海南省社会科学院每年举办的跨省文化论坛,传达关于中华文化和21世纪海上丝绸之路的认识,身体力行地推进丝绸之路倡导的人文交流合作,为海南省和国内其他地区乃至丝路沿线国家地区的文化交流贡献力量。将积极参加中国南海研究院举办的对外交流活动,和业界知名外国学者进行对话,养成参与国际研讨活动的习惯,倾听不同观点的交锋,目睹智慧的碰撞,进一步明确今后的研究方向。笔者将积极参加中国改革与发展研究院举办的国际交流活动,关注中国和东盟、欧盟等区域一体化组织的经济合作,分享关于中国参与国际经济合作最新进展的信息,通过学习经济学方面的知识,深化政治学专业领域的研究。

要想将推动21世纪海上丝绸之路倡议转化为实实在在的物化成果,要想在21世纪海上丝路背景下推进海南自贸港建设,必须改善海南省的营商环境,让外来投资者和本土企业家感受到海南省行政审批制度改革带来的效益。良好的营商环境规范了经营者和消费者的关系,❶ 有利于保护消费者合法权益和维护社会经济秩序。❷ 海南省委、省政府领导把改善营商环境作为工作重点,并为此推出了系列举措,海南省营商环境得到明显改善,但相对于北上广深等一线大城市仍然有不小差距。海南省委党校目前正在推进新校区建设,以适应新时代干部教育培训工作的需要,智慧校园建设是新校区总体规划中的一个亮点,实训室建设是智慧校园的集中体现。实训室涵盖心理咨询、沙盘推演、自贸港成果展示、模拟法庭、党史回顾等功能,笔者所在的教研部承担了媒体沟通与新闻访谈实训室的教学任务。2020年11月,笔者带领教研部赴重庆市委党校应急管理培训中心进行了调研,与该校的教师进行了交流,学到了新闻发布和

---

❶ 国家工商行政管理局条法司.《消费者权益保护法》释义[M]. 长春:长春出版社,1993:3.
❷ 王兴运. 消费者权益保护法[M]. 北京:北京大学出版社,2015:32.

媒体沟通实训室规划理念、设计布局、模拟教学等方面的相关经验，为完善正在规划中的本单位新校区的实训室布局开启了思路。调研结束之后，笔者和同事们感叹，我们这代人赶上了好时代，应该勇于攀登、不负韶华，将最宝贵的青春时光奉献给党的干部教育培训事业，做好实训室模拟教学工作就是一个现成的抓手，应理所当然在这方面有所突破和有所作为。我们正在通过集体备课的方式打磨将在实训室呈现的模拟教学课程，计划从比较研究视角出发研究海南省营商环境的优势和缺失，让学员模拟新闻发布会，请新闻从业人士进行专业点评，从海南省营商环境的创新型或改善型举措切入，让学员模拟相关政府职能部门的负责人，接受专业新闻记者的采访。笔者的同事有的在企业负责媒体宣传工作，在邀请资深新闻从业人士助阵实训室课程开发方面具有独特的优势，也有校友是资深新闻记者，也可受邀对学员进行新闻发布和媒体访谈方面的专业培训，这都极大增强了部门用好实训室设备和设施的信心。

海南省委党校新校区的建成是件鼓舞人心、提振士气的大事，作为已经在党校工作十年有余的中青年教师，笔者对这一点深有体会，一方面为自己的专业学识有了更大的施展平台感到兴奋，另一方面又因为本领不足感到担忧。"明不足找差距、知短板寻弱项"成了当前阶段重点抓的工作，等到新校区投入使用时自身的软件素质跟不上，真成了职业生涯中最尴尬的事件。按照具体问题具体分析的原理，对于笔者而言，加强社会调研是当下亟须完成的任务，而调研应该结合教学需求展开，根据实训室教学规划部署，加强海南省营商环境方面的调查研究是刻不容缓的事情。为此，笔者应加强对小微企业的调研，明确他们在融资贷款和招商引才等方面的困难，明确他们在跑审批方面的不易，更应摸清他们对于改善营商环境的期待和建议。应该加强对金融机构的调研，明确其在缓解企业融资难的现实问题上的具体举措以及今后在发挥金融机构功能方面规划，同时加强对金融监管机构的调研,明确他们在加强金融监管保障金融安全方面的职责以及在更好防范金融风险建立离岸金融制度方面的布局。应加强对政府部门职能机构的调研,和他们联合开展课题研究,了解他们明确社会关切的渠道,了解他们在决策过程中和公众进行有效联结的渠道。通过调研,才能和学员开展有效的对话,基于严谨合理的分析得出有理有据的结论,用大量现实素材增加结论的说服力,向学员展示理论和现实的结合。

三、发挥统战教研部的优势

笔者所在教研部是统战教研部,平时和统战部多有工作上的往来,在课程体系设置和课程开发方面总是事先听取他们的建议,以便增强培训的针对性和实效性。授课的对象多是民主党派的党员,他们或来自企业,将自己的产业发展得颇具规模,或是来自各行各业的精英,和他们的交往丰富了笔者关于统一战线理论和实务的理解。21世纪海上丝绸之路是友谊和平发展之路,促进共同发展是既定目标,加强人文关切是必要条件,促进团结交流是现实保障,实现可持续发展是现实基础。要想把这些21世纪海上丝绸之路的原则、精神和构成元素贯彻落实到现实之中,必须团结一切可以团结的力量,动员一切可以动员的因素,投身到前无古人后无来者的伟大事业中。

应发挥企业间的特殊优势。中共中央有要求,国家有倡议,但是如何落实这些要求和倡议,地方政府应该勤动脑、勤思考,尤其应针对企业家进行动员和宣传,发挥他们的积极性和创造力,将他们的热情和财富用在祖国和人民需要的地方。21世纪海上丝绸之路是多层次的倡议,面对政府、企业家和民众发起了动员,企业家在推动利民惠民政策落地方面发挥了不可替代的作用。笔者认识的一名企业家是从事雕塑产业的,该产业在21世纪海上丝绸之路倡议深入推进的新时代有很好的发展前景。试想，用雕塑的形式展示海洋文化，让雕塑插上文明的翅膀，将海洋奇观通过雕塑的形式展示在观众面前，让海陆空间实现奇妙的联结和契合，让前来海南岛旅游的游客都能感受到的海洋文化的特殊性和广博性。海洋文化雕塑园和海洋公园可以融为一体，和谐发展，将海洋文化的展示发扬到极致，作为青少年群体的夏令营基地对青少年开展科普教育。笔者所在教研部因呈交企业家如何参与21世纪海上丝绸之路倡议的研究报告，事前针对企业家参与规划进行了广泛深入的调研，将抽象的理念进行提炼概括，推动理念向现实的转化。

  应发挥知识分子的作用。知识分子具有为民请命的情怀，有学以致用的抱负，他们通过提出智库建言，推动官方决策日臻完善，并推动现实逐步变得更加美好。应时刻牢记知识分子的使命和担当，不断深入对专业领域的研究，通过厚积薄发的方式不断提高自己的学术造诣，力争对一些问题看得更深，研究得更透。应不断融入知识分子的交流天地，让学者的智慧从一滴水的状态汇聚成浩瀚的大海，通过知识分子的合力，推动现实问题的解决。

参考文献

[1] 屈大均. 广东新语 [M]. 北京：中华书局，1985.

[2] 张蕴岭. 东盟 50 年：在行进中探索和进步 [J]. 世界经济与政治，2017（7）：21-37.

[3] 赵银亮. 聚焦东南亚：制度变迁与对外政策 [M]. 南昌：江西人民出版社，2008.

[4] 科林·弗林特. 亚洲的地缘政治竞争与不可避免的战争：世界体系视角下的历史教训 [J]. 印度洋经济体研究，2017（1）：1-24.

[5] 鞠海龙，林恺铖. 南海地区推进"一带一路"建设的经济基础与政策空间 [J]. 国际问题研究，2017（6）：70-82.

[6] 葛红亮. 东南亚：21 世纪"海上丝绸之路"的枢纽 [M]. 北京：世界图书出版公司，2016.

[7] 蒋殿春，张庆昌. 美国在华直接投资的引力模型分析 [J]. 世界经济，2011（5）：26-41.

[8] 黄河. 中国企业海外投资的政治风险及其管控：以"一带一路"沿线国家为例 [J]. 深圳大学学报（人文社会科学版），2016（1）：93-100.

[9] 孙德刚. 中国港口外交的理论与实践 [J]. 世界经济与政治，2018（5）：4-32.

[10] 孙海泳. 中国参与印度洋港口项目的形势与风险分析 [J]. 现代国际关系，2017（7）：52-58.

[11] 彭念. "一带一路"倡议下中国投资海外港口的风险分析及政策建议 [J]. 南亚研究，2019（3）：106-122.

[12] 蔡清辉."一带一路":台湾融入的必要性、障碍及对策[J].厦门特区党校学报,2016(1):35-41.

[13] 杨海艳,陈晓川.台湾海峡两岸贸易发展的现状、趋势与对策[J].沈阳大学学报(社会科学版),2015(4):472-477.

[14] 肖文,潘家栋."一带一路"战略背景下两岸经贸合作的新路径[J].台湾研究,2016(2):60-66.

[15] 李兴华.南京伊斯兰教研究[J].回族研究,2005(2):146-162.

[16] 巩珍.西洋番国志[M].向达,校注.北京:中华书局,2000.

[17] 周运中.郑和下西洋新考[M].北京:中国社会科学出版社,2013.

[18] 范金民.衣被天下:明清江南丝绸史研究[M].南京:江苏人民出版社,2015.

[19] 李国强.古代丝绸之路的历史价值及对共建"一带一路"的启示[J].大陆桥视野,2019(2):32-38.

[20] 柳和勇.简论浙江海洋文化发展轨迹及特点[J].浙江社会科学,2005(4):122-126.

[21] 陈高华,张帆,刘晓,等.元典章[M].天津:天津古籍出版社,2011.

[22] 李焘.续资治通鉴长编[M].北京:中华书局,1995.

[23] 王禹浪.东亚视野下的东北史地研究[M].北京:社会科学文献出版社,2015.

[24] 欧阳修,宋祁.新唐书:卷二百二十[M].北京:中华书局,1975.

[25] 李剑农.宋元明经济史稿[M].上海:生活·读书·新知三联书店,1957.

[26] 徐光启.农政全书:卷三十五[M].北京:中华书局,1956.

[27] 班固.汉书:卷二十八[M].北京:中华书局,1962.

[28] 朱亚非,张登德.山东对外交往史[M].济南:山东人民出版社,2011.